ନଈ ଆରପାରି

ନଈ ଆରପାରି

(କେନ୍ଦ୍ର ସାହିତ୍ୟ ଅକାଦେମୀ ପୁରସ୍କାରପ୍ରାପ୍ତ)

ଭାନୁଜୀ ରାଓ

BLACK EAGLE BOOKS
2019

BLACK EAGLE BOOKS
7464 Wisdom Lane
Dublin, OH 43016
E-mail: info@blackeaglebooks.org
Website: www.blackeaglebooks.org

First International Edition published by
BLACK EAGLE BOOKS, 2019

NAI ARAPARI
by Bhanuji Rao

Copyright © **Susmita Rath**

All rights reserved. No part of this publication may be reproduced, stored in a retrieval system, or transmitted, in any form or by any means, electronic, mechanical, photocopying, recording or otherwise without the prior permission of the publisher.

Cover & Interior Design: Ezy's Publication

ISBN- 978-1-64560-037-4 (Paperback)

Printed in United States of America

ଗୋଟିଏ ଆରାମଚୌକି,
ମୁଁ ଓ ମୋ ନିଃସଂଗ ଛାଇକୁ ।

- ଭାନୁଜୀ ରାଓ

ଚନ୍ଦନ ବନରେ ଏକା ଛିଡ଼ା ହୋଇଥିବା କବି ଭାନୁଜୀ ରାଓ

ସୁସ୍ମିତା ରଥ

କବି ଭାନୁଜୀ ରାଓଙ୍କର ଜନ୍ମ ୧୯୨୬ ମସିହା ନଭେମ୍ବର ୩ ତାରିଖରେ। ତାଙ୍କ ନାଁଟି ପଢ଼ିଲେ ହଠାତ୍ ମନେହୁଏ ଏପରି ନାମ ଓଡ଼ିଶାରେ ବିରଳ। ଏହାର ଏକମାତ୍ର କାରଣ ସେ ଜନ୍ମସୂତ୍ରରେ ଥିଲେ ମହାରାଷ୍ଟ୍ରୀୟ। ୧୮୦୩ରେ ଯେବେ ମରହଟ୍ଟା ଶାସନରୁ ଓଡ଼ିଶା ବ୍ରିଟିଶ ଅଧୀନକୁ ଆସିଲା, ସେତେବେଳେ ବହୁ ମହାରାଷ୍ଟ୍ରୀୟ ପରିବାର ଆପଣା ରାଜ୍ୟକୁ ଫେରିଗଲେ। କିନ୍ତୁ ସେଥି ମଧ୍ୟରୁ କିଛି ପରିବାର ସେତେବେଳକୁ ଏଇ ଜଗନ୍ନାଥ ସଂସ୍କୃତି ତଥା ଓଡ଼ିଶା ମାଟିକୁ ଆପଣେଇ ନେଇଥିଲେ। ସେମାନଙ୍କ ମଧ୍ୟରେ ଭାନୁଜୀ ରାଓଙ୍କ ପରିବାର ମଧ୍ୟ ଥିଲେ।

ଭାନୁଜୀଙ୍କ ଜେଜେବାପା ଭକ୍ତକବି ମଧୁସୂଦନ ରାଓ ଓଡ଼ିଶାର ସାହିତ୍ୟ ଓ ସମାଜସେବା କ୍ଷେତ୍ରରେ କାର୍ଯ୍ୟକରି ପ୍ରତିଷ୍ଠା ଅର୍ଜନ କରିଥିଲେ। ସେ ଯୁଗକୁ ଓଡ଼ିଶାର ସୁବର୍ଣ୍ଣ ଯୁଗ କୁହାଯାଇପାରେ। କବି ରାଧାନାଥଙ୍କ ସମୟରୁ କବିତାରେ ଆଧୁନିକ ଯୁଗର ଜୟଯାତ୍ରା ଆରମ୍ଭ ହେଲା। କାବ୍ୟ ସାହିତ୍ୟରେ ଯେଉଁ ଧାରା କବି ରାଧାନାଥ ସୃଷ୍ଟି କଲେ - ତାହା ଭଞ୍ଜ ସାହିତ୍ୟଠାରୁ ସଂପୂର୍ଣ୍ଣ ଭିନ୍ନ ଥିଲା। ମାତ୍ର ଆଧୁନିକତା ଠିକ୍ ନଦୀର ଧାରାପରି। ଆଜି ଯାହାକୁ ଆଧୁନିକ କୁହାଯାଏ, କାଲି ସେ ପୁରାତନ ହୁଏ ନିଶ୍ଚୟ। ସେହି ଧାରାରେ ରାଧାନାଥଙ୍କ ନୂତନତା ସତ୍ୟବାଦୀ ଯୁଗ, ସବୁଜ ଓ ପ୍ରଗତୀବାଦୀ କବିମାନଙ୍କର ଚିନ୍ତା ଭାବନାର ଧାରା ସହିତ କ୍ରମଶଃ ପହଞ୍ଚିଲା ଭାନୁଜୀଙ୍କ ସମୟରେ। ଭାନୁଜୀ ରାଓ ଓ ଗୁରୁପ୍ରସାଦ ମହାନ୍ତିଙ୍କ ମିଳିତ ଲେଖନୀରେ ଯେଉଁ 'ନୂତନ କବିତା' ପ୍ରକାଶିତ ହେଲା, ତାହା ସଂପୂର୍ଣ୍ଣ ଏକ ନୂତନ ଧାରାକୁ ରୂପ ଦେଲା।

ପ୍ରଥମେ ଆଧୁନିକ କବିତାରେ ଆଧୁନିକତା ଥିଲା କେବଳ ଆଙ୍ଗିକ ଓ କଥାବସ୍ତୁରେ। ମାତ୍ର ସ୍ୱାଧୀନତା ପରବର୍ତ୍ତୀ କବିତାରେ ଏହା ସଂପୂର୍ଣ୍ଣ ଭିନ୍ନ ରୂପନେଲା। କବିତାରେ ଚେତନାର ଗଭୀରତା ଓ ଅନୁଭବକୁ ବ୍ୟକ୍ତ କରିବାର ଉଦ୍ୟମ ସୃଷ୍ଟି ହେଲା। ପ୍ରଥମ ଓ ଦ୍ୱିତୀୟ ବିଶ୍ୱଯୁଦ୍ଧ ସମଗ୍ର ପୃଥିବୀର ସାହିତ୍ୟରେ ଯେଉଁ ଆଲୋଡ଼ନ ସୃଷ୍ଟି କରିଥିଲା ସେଥିରେ ମାନବ ଜୀବନର ବିବଶତା, ହତାଶା ବିଶେଷ ଭାବରେ ପ୍ରକାଶ ପାଇଥିଲା। ସ୍ୱାଧୀନତା ପୂର୍ବର ଭାରତୀୟ କବିତାରେ କିଛି ଆଶା ଓ ସଂଗ୍ରାମର ସ୍ୱର ଶୁଣା ଯାଉଥିଲା। କିଛି ସାମ୍ୟବାଦ ସ୍ୱର ମଧ୍ୟ ପାଠକଙ୍କୁ ଉଦ୍‌ବୁଦ୍ଧ କରୁଥିଲା। ମାତ୍ର ଯେତେବେଳେ ସ୍ୱାଧୀନତା ପରେ ମଧ୍ୟ ମଣିଷ ନିଜ ମାଟିରେ ମୁକ୍ତିର ସ୍ୱର ବାରି ପାରିଲା ନାହିଁ, ସେତେବେଳେ ଚତୁର୍ଦ୍ଦିଗରେ ଦୁର୍ନୀତି, ଦାରିଦ୍ର୍ୟ ଓ ସ୍ୱାର୍ଥପରତାକୁ ଲକ୍ଷ୍ୟ କରି ସେ ଆଶା ଓ ବିଶ୍ୱାସ ହରାଇ ବସିଲା। କବିତାରେ ମଧ୍ୟ ଏହାର ରୂପ ଫୁଟିବା ସ୍ୱାଭାବିକ ଥିଲା। ପଲ୍ଲୀ ଜୀବନର ସହଜ, ସରଳ ଭାବନା ଫଳରେ ବିଛିନତା ବୋଧ କବିତାରେ ପ୍ରକାଶ ପାଇଲା। ସମାଜ ବଦଳରେ ବ୍ୟକ୍ତିଗତ ପ୍ରେମ, ହତାଶା ଓ ଅତୃପ୍ତି କବିତାରେ ପରିଲକ୍ଷିତ ହେଲା। ଏହି ଧାରାରେ ଭାନୁଜୀଙ୍କ କବିତା ଯେତିକି ରୋମାଣ୍ଟିକ, ସେତିକି ବାସ୍ତବବାଦୀ ମଧ୍ୟ। ଏଇ ଏକାକୀ ମଣିଷର ଭିନ୍ନ ଭିନ୍ନ ରୂପ ପ୍ରକାଶିତ ହୋଇଛି ତାଙ୍କ କବିତାରେ। ଆଙ୍ଗିକ ଓ ଆତ୍ମିକରେ କେବଳ ଭିନ୍ନତା ପରିଲକ୍ଷିତ ହୋଇଛି ସେ କଥା ନୁହେଁ ବରଂ ଛନ୍ଦକୁ ତ୍ୟାଗ କରି ଏହା ଗଦ୍ୟ ଧର୍ମୀ ହୋଇଛି। ଭିନ୍ନ ଧରଣର ପ୍ରତୀକ ଓ ଚିତ୍ରକଳ୍ପର ପ୍ରୟୋଗ ସେ ସମୟର କବିତାକୁ ଚମତ୍କାରୀତା ଦେଇଛି। ଭାନୁଜୀ ରାଓଙ୍କ କବିତା ସେ ସମୟର ଆଧୁନିକ କବିତା ରୂପୀ ନଦୀର ଏକ ଭିନ୍ନ ମୋଡ଼ କହିଲେ ଅତ୍ୟୁକ୍ତି ହେବ ନାହିଁ।

ଜୀବନ ଚିତ୍ର

ଜଣେ କବିଙ୍କୁ ଜୀବନରୁ ବିଚ୍ଛିନ୍ନ କରି ଦେଖି ହେବ ନାହିଁ। ଜୀବନରୁ ହିଁ ସେ ଖୋଜିନିଏ କବିତା କିମ୍ବା କବିତା ଜୀବନରୁ ହିଁ ଜନ୍ମନିଏ। ଜୀବନର ବହୁ କଥା କେତୋଟି ଶବ୍ଦ ମାଧ୍ୟମରେ ପ୍ରକାଶ କରି ପାରିବାର ଚମତ୍କାରିତା ହିଁ ସୃଜନର ମୂଳକଥା। ପ୍ରାଣର ଉଚ୍ଛ୍ୱ ଭାବାନୁଭୂତି କବିତାରେ ରୂପ ନେଇ ବହି ଆସେ କବିର ଅନ୍ତରରୁ। ଯୁଗଯୁଗ ଧରି କବି ନିଜକୁ ପ୍ରକାଶ କରି ଚାଲିଛି ବହୁ ଭାବରେ, ବହୁ ଛନ୍ଦରେ, ବହୁ ସ୍ୱରରେ।

ଭାନୁଜୀ ଯେପରି ଭାବରେ ନିଜକୁ ପ୍ରକାଶ କରିବାକୁ ଚାହିଁଥିଲେ, ଯେଉଁଠାରେ ପହଞ୍ଚିବାକୁ ଚାହୁଁଥିଲେ ସେଠାରେ ପହଞ୍ଚିବାକୁ ତାଙ୍କୁ ସଂପୂର୍ଣ୍ଣ ଏକ ନୂଆ ପଥ ଗଢ଼ି ନେବାକୁ ପଡ଼ିଥିଲା। ମଧୁସୂଦନ, ରାଧାନାଥଙ୍କ ଦ୍ୱାରା ଗଭୀର ଭାବେ ପ୍ରଭାବିତ ହେବାର ସମ୍ଭାବନା ତାଙ୍କ ପାଇଁ ପ୍ରବଳ ଥିଲା। ମାତ୍ର ମଧୁସୂଦନଙ୍କ ସମୟଠାରୁ ଭାନୁଜୀଙ୍କ

ସମୟ ବହୁ ଦୂର ଆଗେଇ ଯାଇଥିଲା। ସେ ସମୟରେ ମଣିଷର ଚିନ୍ତା ଭାବନା, ସୁଖ ଦୁଃଖ, ଜୀବନ ପ୍ରତି ଦୃଷ୍ଟିଭଙ୍ଗୀ ପରିବର୍ତ୍ତିତ ହୋଇ ସାରିଥିଲା। ଇଂରାଜୀ ସାହିତ୍ୟର ଛାତ୍ର ଭାନୁଜୀ ଅନ୍ୟାନ୍ୟ ଭାଷାର ସାହିତ୍ୟ ପ୍ରତି ମଧ୍ୟ ରୁଚି ରଖୁଥିଲେ। ବିଶେଷ ଭାବରେ ମଧୁସୂଦନଙ୍କ ଛାଇ ତଳେ ତାଙ୍କର ନିଜର ସ୍ୱତନ୍ତ୍ର ସତ୍ତା ଲୁଚି ଯିବାର ସମ୍ଭାବନା କଥା ସେ ବୁଝୁଥିଲେ। ଏଥିପାଇଁ ଏକ ଭିନ୍ନ ସ୍ୱର ଆବଶ୍ୟକ ଥିଲା। ତେଣୁ ଭାନୁଜୀଙ୍କ କବିତା ଓଡ଼ିଆ କାବ୍ୟ ଜଗତରେ ଏକ ସ୍ୱତନ୍ତ୍ର ରୂପ ନେଇ ଆରମ୍ଭ ହେଲା। ଏବଂ ଭାନୁଜୀ ଏକ ବିତର୍କିତ ଚରିତ୍ର ଭାବରେ ଦେଖାଦେଲେ। ନିଜ ଅନ୍ତରର ଭାବନାକୁ ଅକପଟ ଭାବରେ ପ୍ରକାଶ କରିବାର ଯେଉଁ ସାହସ ସେ ସେ ସମୟରେ ଦେଖାଇଥିଲେ ତାହା ଅତ୍ୟନ୍ତ ଅଭୁତପୂର୍ବ ଥିଲା। କହିବାକୁ ଗଲେ ଭାନୁଜୀଙ୍କ ଚିନ୍ତା ଓ ପ୍ରକାଶଭଙ୍ଗୀ ସେ ସମୟଠାରୁ ବହୁ ଆଗରେ ଥିଲା। ତେଣୁ ସମସ୍ତେ ମନେ କରନ୍ତି ତାଙ୍କ କବିତାରେ ଶୁଣିବାକୁ ମିଳେ କବି ଆତ୍ମାର ଅନୁଭବ। ଭାଷା ଥିଲା ସୁନ୍ଦର କିନ୍ତୁ ଶାଣିତ। ଯାହା ପାଠକକୁ ମନ୍ତ୍ରମୁଗ୍ଧ କରି ପାରିବାର କ୍ଷମତା ରଖେ। ମାତ୍ର ତତ୍କାଳୀନ ସମାଜ ଏଥିପାଇଁ ପ୍ରସ୍ତୁତ ନଥିଲା। ୧୯୫୫ରେ ପ୍ରକାଶିତ 'ନୂତନ କବିତା', ୧୯୭୩ରେ ପ୍ରକାଶିତ 'ବିଷାଦ ଏକ ଋତୁ', ୧୯୮୬ରେ ପ୍ରକାଶିତ 'ନଈ ଆରପାରି' ଓଡ଼ିଆ କବିତା କ୍ଷେତ୍ରରେ ଥିଲା ଏକ ନୂତନ ପ୍ରବାହ।

ଭାନୁଜୀଙ୍କ କବିତା ବିଷୟରେ ବିଶେଷ ଭାବରେ କହିବା ପୂର୍ବରୁ ତାଙ୍କ ବିଷୟରେ ମଧ୍ୟ କିଛି କହିବା ଉଚିତ ଯଦ୍ୱାରା ପାଠକଟିଏ କବି ଓ ତା'ର କବିତାକୁ ସଂପୂର୍ଣ୍ଣ ଭାବରେ ହୃଦୟଙ୍ଗମ କରି ପାରିବେ। ଭାନୁଜୀ ଜନ୍ମର ଅଳ୍ପ କେଇ ମାସ ମଧ୍ୟରେ ପିତା ପ୍ରଶାନ୍ତ ରାଓଙ୍କୁ ହରାଇଥିଲେ। ଏହା ବ୍ୟତୀତ ସେ ଜନ୍ମରୁ ଗୋଡ଼ରେ ତ୍ରୁଟି ନେଇ ଜନ୍ମ ହୋଇଥିଲେ। ପାଦ ଦୁଇଟି ଜନ୍ମରୁ ବଙ୍କା ଥିଲା। ତାଙ୍କର ବଡ଼ବାପା ଜୟନ୍ତ ରାଓ ସେତେବେଳେ କଟକରେ ଜଣାଶୁଣା ଚିକିତ୍ସାବିତ୍ ଥିଲେ। ସେ ଭାନୁଜୀଙ୍କ ପାଦରେ ବାରମ୍ବାର ଅପରେସନ କରାଇଥିଲେ ଏବଂ ତାଙ୍କୁ ପିଲାଦିନୁ ଲୁହାର ଛାଞ୍ଚ ଥିବା ଯୋତା ପିନ୍ଧିବାକୁ ପଡୁଥିଲା। ବହୁ କଷ୍ଟରେ ସେ ଚାଲିବାକୁ ସକ୍ଷମ ହୋଇଥିଲେ। ପିତାଙ୍କର ମୃତ୍ୟୁପରେ ଭାନୁଜୀ ଦୁଇ ଭାଇ ଓ ଭଉଣୀଙ୍କ ସହିତ ସଂପୂର୍ଣ୍ଣ ଭାବରେ ମା'ଙ୍କ ଉପରେ ନିର୍ଭରଶୀଳ ହୋଇ ରହୁଥିଲେ । ଯଦିଓ ସେମାନେ ଏକ ବିରାଟ ଏକାନ୍ନବର୍ତ୍ତୀ ପରିବାର ମଧ୍ୟରେ ବଢ଼ିଥିଲେ, ତଥାପି କାହିଁକି ଏକ ଶଂକା ମଧ୍ୟରେ ରହୁଥିଲେ ପ୍ରଶାନ୍ତ ରାଓଙ୍କ ସନ୍ତାନମାନେ।

ଭାନୁଜୀ ଜନ୍ମ ନେଇଥିଲେ ମଧୁସୂଦନ ରାଓଙ୍କ ଦ୍ୱାରା କଟକର କାଳିଗଳିଠାରେ ନିର୍ମିତ ଘରେ, ଯାହାର ସାମନାରେ ଥିଲା ବଡ଼ ବଡ଼ ଖୋଲାଣ, ଉଚ୍ଚ ଛାତ, ବିଶାଳ

ଅଗଣା ଓ ପଛପଟ ବାରିରେ ରହିଥିବା ବିରାଟ ପୋଖରୀରେ ପ୍ରତିବିମ୍ବିତ ହେଉଥିବା ଆକାଶ। ସବୁକିଛି ଥିଲା ଗୋଟିଏ କିଶୋର ପାଇଁ ମୁଗ୍ଧ ପୃଥିବୀର ସ୍ୱପ୍ନ ଦେଖିବାର ଉପଯୁକ୍ତ ପରିବେଶ। ଘରକୁ ଲାଗିକି ରହିଥିଲା କବିବର ରାଧାନାଥ ରାୟଙ୍କ ଘର, ସାମନା ଗଳିରେ ରହିଥିଲା ବିଶ୍ୱନାଥ କରଙ୍କ ଘର ଓ ପ୍ରେସ। କାଳିଗଳି ଆହୁରି ବହୁ ସାହିତ୍ୟିକଙ୍କୁ ସ୍ୱପ୍ନ ଦେଖିବାର ସୁଯୋଗ ଦେଇଥିଲା। ଯେହେତୁ ଜନ୍ମରୁ ଭାନୁଜୀଙ୍କ ଗୋଡ଼ରେ ତ୍ରୁଟି ଥିଲା, ତେଣୁ ସେ ଅନ୍ୟମାନଙ୍କ ପରି ଧାଇଁ ବୁଲି ଖେଳି ପାରୁ ନଥିଲେ। ବରଂ କଳ୍ପନା ରାଜ୍ୟକୁ ନିଜର ବିଚରଣର କ୍ଷେତ୍ର ଭାବରେ ବାଛି ନେଇଥିଲେ। ହୁଏତ ଏହ ତାଙ୍କ ଜନ୍ମଗତ ତ୍ରୁଟିକୁ ବରଦାନରେ ପରିଣତ କରି ଦେଇଥିଲା। ତାଙ୍କର ଖୁବ ବେଶୀ ଗଦ୍ୟ ରଚନା ନାହିଁ। ମାତ୍ର ଅଳ୍ପ କିଛି ଗଦ୍ୟରେ ସେ ନିଜର ବାଲ୍ୟ ସ୍ମୃତିକୁ ଅତି ସୁନ୍ଦର ଭାବରେ ବର୍ଣ୍ଣନା କରିଛନ୍ତି। "ଭଙ୍ଗା ପେଁକାଳି" ସେଥିରୁ ଗୋଟିଏ।

ମଧୁସୂଦନ ରାଓ ତାଙ୍କ ବଂଶରେ ପ୍ରଥମ କରି ରାଜା ରାମମୋହନ ରାୟଙ୍କ ଦ୍ୱାରା ପ୍ରଚାରିତ ବ୍ରାହ୍ମ ଧର୍ମ ଗ୍ରହଣ କରିଥିଲେ। ଅନ୍ଧ ବିଶ୍ୱାସ ଓ କୁସଂସ୍କାର ବିରୁଦ୍ଧରେ ଏହା ଏକ ସଂଗ୍ରାମ ଥିଲା। ସତ୍ୟବାଦୀତା ଓ ଧର୍ମପ୍ରାଣତା ମଧ୍ୟ ଏହି ଧର୍ମର ମୂଳମନ୍ତ୍ର ଥିଲା। ମଧୁସୂଦନଙ୍କ ମୃତ୍ୟୁ ପରେ ମଧ୍ୟ ତାଙ୍କ ପରିବାରରେ ସମସ୍ତେ ଏହି ଧର୍ମ ଓ ସଂସ୍କାରକୁ ମାନୁଥିଲେ। ମାତ୍ର ଭାନୁଜୀ ନିଜକୁ ସଂପୂର୍ଣ୍ଣ ନାସ୍ତିକ ବୋଲି ଘୋଷଣା କଲେ। ଏହାଦ୍ୱାରା ସମାଜ ସହିତ ନିଜ ପରିବାରରେ ମଧ୍ୟ ଅନେକ ବିରୋଧର ପାଚେରୀ ଗଢ଼ି ଉଠିଥିଲା। ଏଥିପାଇଁ ତାଙ୍କ ମା' ଓ ଭାଇମାନେ ତାଙ୍କୁ ବିରୋଧ କରୁଥିଲେ ଓ ଦୁଃଖ ପ୍ରକାଶ କରୁଥିଲେ। ମଧୁସୂଦନ ରାଓ ଭକ୍ତି ସଂଗୀତ ରଚନା କରି ଭକ୍ତକବି ଭାବରେ ଖ୍ୟାତି ଅର୍ଜ୍ଜନ କରିଥିଲେ। କିନ୍ତୁ ଭାନୁଜୀଙ୍କ କବିତାରେ ଥିଲା ପ୍ରେମ ଓ ଦେହଜ କାମନାର ଖୋଲାଖୋଲି ବର୍ଣ୍ଣନା, ଯାହା ସେ ସମୟରେ ଅତ୍ୟନ୍ତ ଗର୍ହିତ ବୋଲି ଧରା ଯାଉଥିଲା। ଭାନୁଜୀ ଏ ସମସ୍ତ କିଛିକୁ ଆଦୌ ଗୁରୁତ୍ୱ ଦେଉ ନଥିଲେ। ସାରା ଜୀବନ ତାଙ୍କ ମା' ଏହିଥିପାଇଁ ଦୁଃଖ କରୁଥିଲେ, ଆତ୍ମୀୟମାନେ ତାଙ୍କ ରଚନାକୁ ନିତାନ୍ତ ନିମ୍ନ ସ୍ତରର ବୋଲି ପ୍ରଚାର କରିବାକୁ ପଶ୍ଚାତପଦ ହେଉ ନଥିଲେ। କିନ୍ତୁ ଭାନୁଜୀଙ୍କ ଭାଷାରେ ଧର୍ମର ସଂଜ୍ଞା ଥିଲା, "ଭଗବାନ ଅଛନ୍ତି କି ନାହାନ୍ତି ଜାଣେନା। ଥାଆନ୍ତୁ ବା ନଥାଆନ୍ତୁ ସେ ଆମର ବିଶ୍ୱାସ ବା ଅବିଶ୍ୱାସର ଅପେକ୍ଷା ରଖନ୍ତି ନାହିଁ। ଭଗବାନ ନଥିଲେ ସୁଦ୍ଧା ଧର୍ମର ପବିତ୍ରତା ନଷ୍ଟ ହେବ ନାହିଁ।" ମୋଟା ମୋଟି ଭାବରେ ଦେଖିଲେ ଏହା ଜଣେ ନାସ୍ତିକର ଉକ୍ତି ନୁହେଁ। କିନ୍ତୁ ସାଧାରଣ ମଣିଷ ଏ ସମସ୍ତ ବିଶ୍ୱାସ କରେ ନାହିଁ। ଜଣଙ୍କୁ ନିଜର ଧର୍ମ ବିଶ୍ୱାସର ପ୍ରମାଣ ଦେବାକୁ ମନ୍ଦିରରେ ଦୀପ ଜଳାଇବା, ଉପାସ ରଖିବା ନିତାନ୍ତ ଜରୁରୀ ବୋଲି ଆଜି ମଧ୍ୟ ଆମ ସମାଜରେ ବିଶ୍ୱାସ କରାଯାଏ।

କବିତା ବିଷୟରେ ଭାନୁଜୀଙ୍କର ମତ ଥିଲା ବେଶ୍ ଗଭୀର ଓ ଭାବ ବ୍ୟଞ୍ଜକ। ତାଙ୍କ ମତରେ କବିତା କେବଳ ଭାବ ପ୍ରଧାନ ନୁହେଁ କିମ୍ବା ବୁଦ୍ଧି ପ୍ରଧାନ ମଧ୍ୟ ନୁହେଁ। "ଭାବର ଦୁଧରେ ବୁଦ୍ଧିର ମହି ପରିମିତ ପରିମାଣରେ ମିଶାଇ ପାରିଲେ ତାହା କବିତା ଗଢ଼ିପାରେ।" ସେତେବେଳେ ସେ ରେଭେନ୍ସା କଲେଜରେ ପଢୁଥିବା, ନୂଆନୂଆ ସ୍ୱପ୍ନ ଦେଖୁଥିବା ତରୁଣ। ପ୍ରାଣରେ ନୂଆ କିଛି କରିବାର ଆଗ୍ରହ ଓ ଉଲ୍ଲାସ। ମାତ୍ର ଅନ୍ୟଦିଗରେ ଭାନୁଜୀଙ୍କ ପରିବାର ସେତେବେଳେ ବିଶେଷ ଆର୍ଥିକ ଦୁରବସ୍ଥା ମଧ୍ୟ ଦେଇ ଗତି କରୁଥିଲା। ୧୮୫୦ ମସିହା ବେଳକୁ ସେ ରେଭେନ୍ସାରେ ଇଂରାଜୀରେ ଏମ୍.ଏ. କ୍ଲାସରେ ଯୋଗ ଦେଇଥିଲେ। କଥାବାର୍ତ୍ତାରେ ସେ କେବେ ହେଲେ ଚପଳ ନଥିଲେ। ଯଦିଓ ସେ ମଧୁସୂଦନଙ୍କ ନାତି ଭାବରେ ପରିଚିତ ଥଲେ ସାହିତ୍ୟିକ ମହଲରେ ତଥାପି ତାଙ୍କ କବିତାଗୁଡ଼ିକ ପ୍ରକାଶ ଯୋଗ୍ୟ ନୁହେଁ ବୋଲି ବାରମ୍ବାର ଶୁଣିବାକୁ ପଡୁଥିଲା। ବଡ଼ଭାଇ ଅଶୋକ ରାଓ ବିଭିନ୍ନ ବ୍ୟବସାୟ କରି ସଫଳ ହେବାକୁ ଚେଷ୍ଟା କରୁଥିଲେ। ମଝିଆ ଭାଇ ପାର୍ଥ ରାଓ ଡାକ୍ତରୀ ପାଠ ନେଇ ବ୍ୟସ୍ତ ରହୁଥିଲେ। ଭାନୁଜୀଙ୍କ ଏମ୍.ଏ. ପାଠ ଅଧା ରହିଲା। ହଠାତ୍ ଦିନେ ତିନିକୋଣିଆ ବଗିଚା ନିକଟରେ ଥିବା ଏକ କୋଇଲା ଗୋଦାମରେ ତାଙ୍କୁ ବସିବାର ଦେଖାଗଲା। ସେଇଟି ଥିଲା ବଡ଼ ଭାଇ ଅଶୋକଙ୍କ ଗୋଦାମ, ଯାହାର କାମ ବୁଝୁଥିଲେ ଭାନୁଜୀ। ଜଣେ କବିଙ୍କୁ କୋଇଲା ଗୋଦାମରେ କୋଇଲା ବିକିବା ଅବସ୍ଥାରେ କଳ୍ପନା କରିବା ସାଧାରଣ ପାଠକଙ୍କ ପାଇଁ ସହଜ ନୁହେଁ ନିଶ୍ଚୟ। ମାତ୍ର ସେତିକିବେଳେ କୋଇଲାରୁ ହୀରା ଜନ୍ମ ନେଲା ପରି ଜନ୍ମ ନେଇଥିଲା କିଛି ଅମୂଲ୍ୟ କବିତା, ଯାହାକୁ ପଢ଼ି ବନ୍ଧୁମାନେ ମୁଗ୍ଧ ହୋଇଥିଲେ ଓ ଅଧିକ ଲେଖିବାପାଇଁ ଉତ୍ସାହ ପାଇଥିଲେ ଭାନୁଜୀ। ବନ୍ଧୁ ଯତୀନ୍ଦ୍ରମୋହନ ମହାନ୍ତି, ଦେବୀପ୍ରସନ୍ନ ପଟ୍ଟନାୟକ, ରାଜେନ୍ଦ୍ର ପ୍ରସାଦ ଦାସ, କୃଷ୍ଣ ଚରଣ ସାହୁ ଆଦି ଆସି ସାହିତ୍ୟ ଆଲୋଚନାରେ କୋଇଲା ଗୋଦାମକୁ ମୁଖରିତ କରୁଥିଲେ। ପାଠକୀୟ ଉତ୍ସାହ ଜଣେ କବିଙ୍କୁ ଲେଖିବାକୁ ଯଥେଷ୍ଟ ଉଦୀପ୍ତ କରେ। ମାତ୍ର ପେଟରେ ଭୋକ ଆଗରେ ସବୁ ସ୍ୱପ୍ନ ପାଣି ଫାଟିଯାଏ। ଭାଇଙ୍କର କୋଇଲା ବ୍ୟବସାୟ ବିଫଳ ହେଲା ଏବଂ ଅର୍ଥ ଉପାର୍ଜନ ଭାନୁଜୀଙ୍କ ଆଗରେ ଏକ ଆହ୍ୱାନ ରୂପେ ଦେଖାଦେଲା। ସେତେବେଳେ ସେ ଅଳ୍ପ କବିତା ଲେଖୁଥିଲେ ଓ ଅନୌପଚାରିକ ପତ୍ରିକା ସଂପାଦନା କରୁଥିଲେ। ମାତ୍ର କିଛି ସ୍ଥିର ରୋଜଗାର ପରିବାର ପାଇଁ ଓ ତାଙ୍କ ନିଜ ପାଇଁ ଜରୁରୀ ହୋଇ ପଡ଼ିଥିଲା।

୧୯୫୯ରେ ଭାନୁଜୀ ସ୍ୱର୍ଗତ ବାଳକୃଷ୍ଣ କରଙ୍କ ଦ୍ୱାରା ପ୍ରତିଷ୍ଠିତ ମାତୃଭୂମି ଖବର କାଗଜରେ ଆପ୍ରେନ୍‌ଟିସ୍ ଭାବରେ ଯୋଗଦେଲେ। କିଛି ଦିନ ପରେ ୧୯୬୦ରେ ବିଶିଷ୍ଟ ରାଜନୀତିଜ୍ଞ ତଥା ପୂର୍ବତନ ମୁଖ୍ୟମନ୍ତ୍ରୀ ଶ୍ରୀ ବିଜୁ ପଟ୍ଟନାୟକଙ୍କ ଦ୍ୱାରା ପ୍ରତିଷ୍ଠିତ

ଦୈନିକ 'କଳିଙ୍ଗ' ସମ୍ବାଦପତ୍ରରେ ଯୋଗ ଦେଲେ। ସେତେବେଳେ କଳିଙ୍ଗର ସଂପାଦକ ଥିଲେ ବିଖ୍ୟାତ ସାହିତ୍ୟିକ ସୁରେନ୍ଦ୍ର ମହାନ୍ତି। ଥିଲେ ମଧ୍ୟ ଜ୍ଞାନୀନ୍ଦ୍ର ବର୍ମା, କୃଷ୍ଣଚରଣ ମହାନ୍ତି, ଦୀପକ ମିଶ୍ର ପ୍ରମୁଖ। ସେତେବେଳେ ଭାନୁଜୀଙ୍କର ଗୁରୁପ୍ରସାଦ ମହାନ୍ତିଙ୍କ ସହିତ ମିଳିତ ଭାବରେ ନୂତନ କବିତା ପ୍ରକାଶ ପାଇ ସାରିଥାଏ। କେତେବେଳେ ଭାନୁଜୀ ଉତ୍ସାହରେ ଫାଟି ପଡୁଥାଆନ୍ତି ତ କେତେବେଳେ ଅବସାଦଗ୍ରସ୍ତ ହୋଇ ନୀରବ ହୋଇ ପଡୁଥାଆନ୍ତି। ସେ ଅନ୍ତର୍ମୁଖୀ ମଣିଷ ଥିଲେ। ଖୁବ୍ ବେଶୀ ବନ୍ଧୁ ନଥିଲେ ମଧ୍ୟ ଯେଉଁ କେତେ ଜଣଙ୍କ ସହିତ ବନ୍ଧୁତା ଥିଲା ତା' ଥିଲା ଅତି ନିବିଡ଼। ଭାନୁଜୀଙ୍କର ଏହି ବନ୍ଧୁମାନଙ୍କର ଉତ୍ସାହ ହିଁ ତାଙ୍କ ଚଲାପଥର ସହାୟ ଥିଲା। ଅନ୍ଧମୁହାଣୀ ଆଡ଼କୁ ଭାସି ଚାଲିଥିବା ତାଙ୍କର ଜୀବନ ନୌକାକୁ ବନ୍ଧୁମାନେହିଁ କୂଳକୁ ଟାଣି ଆଣିଥିଲେ। ବନ୍ଧୁ ଯତୀନ୍ଦ୍ରମୋହନ ମହାନ୍ତି ହିଁ ନୂତନ କବିତାର ଆଲୋଚନା ମାଧ୍ୟମରେ ଗୁରୁପ୍ରସାଦ ମହାନ୍ତି ଓ ଭାନୁଜୀ ରାଓଙ୍କୁ ଓଡ଼ିଆ ପାଠକମାନଙ୍କ ନିକଟରେ ପରିଚୟ କରାଇଥିଲେ। ବନ୍ଧୁମାନେ ହିଁ ତାଙ୍କୁ ସମାଲୋଚନା ଓ ଉତ୍ସାହ ଦେଇ ତାଙ୍କୁ ବାରମ୍ବାର ଲେଖିବାକୁ ଉଦ୍‌ବୁଦ୍ଧ କରୁଥିଲେ। ବନ୍ଧୁ ଦେବୀ ପ୍ରସନ୍ନ ଇଣ୍ଡିଆନ୍ ପେନ୍‌ରେ ତାଙ୍କୁ ପ୍ରଥମଥର ପାଇଁ ଭାରତୀୟ ଇଂରାଜୀ ଲେଖକ ଓ ପାଠକମାନଙ୍କ ସହିତ ପରିଚିତ କରାଇଥିଲେ। ବନ୍ଧୁ ଗୁରୁପ୍ରସାଦ ମଧ୍ୟ ପୁରୀରୁ ଚିଠି ଲେଖି ବିଭିନ୍ନ କବିତାର ଆଲୋଚନା ମାଧ୍ୟମରେ ଉତ୍ସାହିତ କରୁଥିଲେ। ନିଜ କବିତା ଲେଖି ପଠାଉଥିଲେ ଓ ତା' ଉପରେ ମତାମତ ଚାହୁଁଥିଲେ। ଜଣେ ସାହିତ୍ୟିକଙ୍କ ପାଇଁ ଏସବୁର ମୂଲ୍ୟ କଣ ତା' କେବଳ ଜଣେ ସାହିତ୍ୟିକ ହିଁ ବୁଝିପାରିବ। ଏଇ ଅମୃତବାଣୀହିଁ ଜୀବନର ଖାଲ ଢ଼ିପ ଭରା ପଥରେ ଚାଲିବାକୁ ତାଙ୍କୁ ଶକ୍ତି ଦେଇଥିଲା। ଲେଖିବା ସହିତ ସେ 'ପ୍ରଜ୍ଞା' ନାମକ ଏକ ତ୍ରୈମାସିକ ପତ୍ରିକା ମଧ୍ୟ ସଂପାଦନା କରୁଥିଲେ। ଏ ସମସ୍ତ ସତ୍ତ୍ୱେ ସାହିତ୍ୟ ତାଙ୍କୁ କୌଣସି ସାମାଜିକ ସୁରକ୍ଷା ଦେଇ ପାରି ନଥିଲା। ତେଣୁ କଟକକୁ ଅତି ଭଲ ପାଉଥିବା ଭାନୁଜୀଙ୍କୁ ୧୮୬୯ରେ ମସୌରୀ ସ୍ଥିତ ଜାତୀୟ ଆଇ.ଏ.ଏସ୍. ଟ୍ରେନିଂ ଏକାଡେମୀରେ ଭାଷା ଶିକ୍ଷକ ଭାବରେ ଯୋଗ ଦେବାକୁ ହୋଇଥିଲା। ଏହା ମଧ୍ୟ ଦେବୀ ପ୍ରସନ୍ନ ପଟ୍ଟନାୟକଙ୍କ ପାଇଁ ସମ୍ଭବ ହୋଇ ପାରିଥିଲା। ଜୀବନରେ ସ୍ଥିରତା ଆସିଥିଲା ସତ କିନ୍ତୁ ପ୍ରାକୃତିକ ଶୋଭାରେ ବିମଣ୍ଡିତ ମସୌରୀ କିନ୍ତୁ ଭାନୁଜୀଙ୍କୁ କବିତା ରଚନାପାଇଁ ବିଶେଷ ପ୍ରେରଣା ଯୋଗାଇ ପାରିନଥିଲା। ମସୌରୀରେ ସେ ଦୀର୍ଘ ୧୭ ବର୍ଷ ଚାକିରି କରିବା ଭିତରେ ସେ ଅଳ୍ପ କେତୋଟି ମାତ୍ର କବିତା ରଚନା କରି ପାରିଛନ୍ତି। ସେଥିରୁ କିଛି କଟକକୁ ନେଇ ସ୍ୱପ୍ନରେ ଭରା। ୧୯୮୫ରେ ଅବସର ନେଇ କଟକ ଫେରିବା ପରେ ତାଙ୍କର ପ୍ରାୟ ୧୨ ଖଣ୍ଡ ପୁସ୍ତକ ପ୍ରକାଶିତ ହୋଇଥିଲା। 'କଟକ' ନାମରେ

ଗୋଟିଏ ଗଦ୍ୟ ରଚନା ମଧ୍ୟ ଅଛି। ଅସଲରେ ଭାନୁଜୀଙ୍କର ଗଦ୍ୟ ଓ ପଦ୍ୟ ରଚନା ହାତ ଧରାଧରି ହୋଇ ଚାଲନ୍ତି। କେତେବେଳେ ଗଦ୍ୟ ପଦ୍ୟ ହୋଇଯାଏ, କେବେ ଅବା ପଦ୍ୟ ଗଦ୍ୟ ରୂପ ପାଏ। ବହୁ ଗଦ୍ୟ ଭଂଗୀରେ କବିତା ଭାନୁଜୀ ରଚନା କରିଛନ୍ତି, ଯାହା ସେତେବେଳରେ ପ୍ରାୟ ଲେଖା ଯାଉନଥିଲା।

ଭାନୁଜୀଙ୍କ ଲେଖା 'କଟକ' ପ୍ରବନ୍ଧର ଗୋଟିଏ ଛୋଟ ଅଂଶ ନିମ୍ନରେ ପ୍ରଦାନ କରାଗଲା।

"ମୁଁ କଟକକୁ ଭଲ ପାଏ। ମୋର ଜନ୍ମଭୂମି କଟକ, କର୍ମଭୂମି ମଧ୍ୟ। ଦିନେ ମୋର ଜୁଇ ସତୀ ଚଉରାରେ ଜଳିବ। ମୋର ଏହା ଦୃଢ଼ ବିଶ୍ୱାସ। ଭଲ ପାଇବା କେବଳ ଗୋଟିଏ ପଟୁ ହୁଏନାହିଁ। ମୁଁ ଜାଣେ କଟକ ମଧ୍ୟ ମୋତେ ଭଲ ପାଉଛି ନିବିଡ଼ ଭାବରେ। ମୋ ଶୈଶବକୁ ଆଚ୍ଛନ୍ନ କରି ରଖିଛି କଟକ।"

ପୁଣି ମସୌରୀରୁ ଲେଖିଥିବା ଚିଠିରେ ସେ ଲେଖିଛନ୍ତି, -

"ରକ୍ତ ପରି, ବୀଜମନ୍ତ୍ର ପରି
ମୋ ଦେହର ଶିରା ଭରି
ବହି ଯାଏ କଟକ ଗଳିର ବାସ୍ନା
ପାନ ପିକର ପାରସ୍ୟ ଗାଲିଚା ଡେଇଁ
କୁକୁରଙ୍କ ବାଦୀପାଲା ଶେଷ ହେବାପରେ
ସ୍ୱପ୍ନ ମତେ ଭିଡ଼ି ନିଏ
ଖୋଲା ନାଳ ମହକ ଆଡ଼କୁ।"

ପୁଣି ପରବର୍ତ୍ତୀ ଚିଠିରେ ସେ କବିତାଟିକୁ ସଂଶୋଧନ କରିଛନ୍ତି। ଯେଉଁଥିରେ ଅଛି 'ମୋ ସ୍ୱପ୍ନ' କବିତାରେ 'ପାନ ପିକର ପାରସ୍ୟ ଗାଲିଚା ଡେଇଁ' ନହେଉ 'ମାଡ଼ି' ହେବ। ଡେଇଁବାର ଯେଉଁ ଘୃଣା ଭାବ ରହିଛି ତାହା କବିତାର ସ୍ୱର ନଷ୍ଟ କରି ଦେଉଛି। ଏହି ଉକ୍ତିରୁ ସ୍ପଷ୍ଟ ହୁଏ କଟକର ଧୂଳିମାଟି, ପାନପିକ, ଦୁର୍ଗନ୍ଧଭରା ନଳା ମଧ୍ୟ ତାଙ୍କର ପ୍ରିୟ ଥିଲା। ବହୁବାର ସେ ଏଇ ପ୍ରେମକୁ ସ୍ୱୀକାର କରିଛନ୍ତି।

କଟକର କାଠଯୋଡ଼ି ତାଙ୍କୁ ବିଭୋର କରିଛି। ବହୁ କବିତା ତାଙ୍କର କାଠଯୋଡ଼ିର ସକାଳ, ସଞ୍ଜ, ଦ୍ୱିପ୍ରହର ଓ ରାତ୍ରିକୁ ନେଇ ଲେଖା। ପାଣିରେ ସେ କେବଳ ଜହ୍ନର ଛାଇ ଦେଖି ନାହାନ୍ତି ବରଂ ବାଲିରେ ଦେଖିଛନ୍ତି ଚନ୍ଦ୍ର ମଣ୍ଡଳ ଖସି ପଡ଼ିବାର ଦୃଶ୍ୟ। ଦିଗନ୍ତ ବିସ୍ତୃତ ଜ୍ୟୋତ୍ସ୍ନାବିଧୌତ କାଠଯୋଡ଼ିର ବାଲିରେ ଚନ୍ଦ୍ରମଣ୍ଡଳକୁ କଳ୍ପନା କରିବା କେବଳ ଭାନୁଜୀଙ୍କ ପକ୍ଷରେ ହିଁ ସମ୍ଭବ।

ଅତି ସାଧାରଣ, ସହଜ ଜୀବନ ବଞ୍ଚୁଥିବା ଭାନୁଜୀଙ୍କୁ କଟକ ମଧ୍ୟ ପ୍ରାଣ ଭରି

ଭଲ ପାଇବା ଦେଇଛି ସାହିତ୍ୟ ଜଗତରେ। ସେ ଅତି ଗମ୍ଭୀର ଓ ଜଣେ ଏକାକୀ ଦ୍ୱୀପରେ ବଞ୍ଚୁଥିବା କବି ଭାବରେ ପରିଚିତ ଥିଲେ। କୌଣସି ସଭାର ଗହଳିରେ ସେ କେବେ ଦେଖା ଯାଇ ନାହାନ୍ତି। ସାଧାରଣତଃ କୌଣସି ଆଲୋଚନାଚକ୍ରରେ ଦେଖା ଯାଉନଥିବା ଭାନୁଜୀ କିନ୍ତୁ ପ୍ରତ୍ୟହ କଟକର ରାସ୍ତାରେ ପାଦରେ ଚାଲିଚାଲି ବୁଲିବାକୁ ଭଲ ପାଉଥିଲେ। ତାଙ୍କର କବି ପରିଚୟ ଘୋଡ଼ାଇ ଦେଇ ସେ ବହୁତ ଚା' ବାଲା, ଦର୍ଜି, ଗୁଡ଼ିଆ ଦୋକାନୀଙ୍କର ବନ୍ଧୁ ସାଜିଥିଲେ। ଧୋତି, ପଞ୍ଜାବୀ ଓ ଚପଲ ପିନ୍ଧା ଭାନୁଜୀଙ୍କ ଚେହେରା ମସୌରୀରର ପ୍ରବଳ ଶୀତ ମଧ୍ୟ ପରିବର୍ତ୍ତନ କରି ପାରି ନଥିଲା।

ସାହିତ୍ୟ ଜଗତରେ ଭାନୁଜୀଙ୍କ ପ୍ରେମ ଓ ପ୍ରେମିକାକୁ ନେଇ ବାରମ୍ବାର ସନ୍ଦେହର ଝଡ଼ ଉଠିଛି। ଦେହଜ ପ୍ରେମ ଓ ନାରୀ ଶରୀରର ନିଟୋଳ ବର୍ଣ୍ଣନା ସବୁ ପଢି କେହି କଣ ବିଶ୍ୱାସ କରି ପାରିବ ବ୍ୟକ୍ତିଗତ ଜୀବନରେ ସେ ଥିଲେ ନାରୀ ସଂସର୍ଗଠାରୁ ବହୁ ଦୂରରେ। ଅବିବାହିତ, ବ୍ରହ୍ମଚାରୀ ! ବ୍ୟକ୍ତିଗତ ଭାବରେ ଜୀବନରେ କିନ୍ତୁ କେବେ କୌଣସି ଅସଂଯମ ପ୍ରକାଶ କରି ନାହାନ୍ତି। କବିତାରେ ସେ ଯେଉଁ ନାରୀ ବା ପ୍ରେମିକାର ବର୍ଣ୍ଣନା କରିଛନ୍ତି ସେ ନାରୀର ଠିକଣା କେହି କେବେ ପାଇନାହିଁ। ସଦା ସର୍ବଦା ତାଙ୍କର ପ୍ରେମ ଓ ପ୍ରେମିକାକୁ ଘେରି ରହିଛି ରହସ୍ୟର ନୀଳ କୁହୁଡ଼ି। ଭାନୁଜୀ ନିଜକୁ ଲୁଚାଇ ରଖିଛନ୍ତି ବୈରାଗ୍ୟର ନିର୍ଜନ ଗୁମ୍ଫା ମଧ୍ୟରେ। ବହୁ ବିସ୍ଫୋରକ କବିତା ଲେଖି ବିତର୍କର ଝଡ଼ ବୁହାଇ ଥିବା ଭାନୁଜୀ ନିଜ ସାଧାରଣ ଜୀବନରେ ଥିଲେ ଶାନ୍ତପ୍ରିୟ, ହାସ୍ୟରସିକ ଓ ଅତି ସାଧାରଣ ଜୀବନ ବଞ୍ଚୁଥିବା ପରିବାର ପ୍ରିୟ ମଣିଷଟିଏ। କେବେ ସେ ନିୟମିତ କବିତା ଲେଖୁ ନଥିଲେ। ପତ୍ର-ପତ୍ରିକା ପୃଷ୍ଠାରେ ନିଜକୁ ବଞ୍ଚାଇ ରଖିବାର ପ୍ରୟାସ ସେ କେବେ କରି ନାହାନ୍ତି। ବରଂ ଜଣେ କବିତା ପ୍ରିୟ ପାଠକ ମିଳିଲେ ସେ ନିଜକୁ ପ୍ରକାଶ କରୁଥିଲେ। ଭାନୁଜୀଙ୍କର ସ୍ୱପ୍ନର ପ୍ରିୟା କ୍ରମଶଃ ଧୂସର ହୋଇ କୁହୁଡ଼ିର ନାରୀ ରୂପ ପାଇଛି। ନଭେମ୍ବର ୩ ତାରିଖ ନିଜର ଜନ୍ମଦିନରେ ସେ ଲେଖିଥିବା କବିତାଟି ତାଙ୍କର ଶେଷ କବିତା। ଯେଉଁ ଥିରେ ସେ ଲେଖିଥିଲେ,-

"ବାଟରେ ଭେଟିଲି ଏକ କୁହୁଡ଼ିର ନାରୀ
ଅଙ୍ଗ ପ୍ରତ୍ୟଙ୍ଗ ତାର କୁହୁଡ଼ିରେ ଭରା
ସେ ମୋତେ ଆବୋରି ନେଲା
ପ୍ରସାରିତ କରି ତା'ର ଭୁଜ ବଲ୍ଲରୀ"

ଏହି କବିତା ଲେଖିବାର ମାତ୍ର ବାର ଦିନ ପରେ ନଭେମ୍ବର ୧୫ରେ ଅଚାନକ ହୃଦ୍‌ଘାତରେ ମୃତ୍ୟୁ ବରଣ କଲେ ଭାନୁଜୀ। ପ୍ରିୟତମା ତାଙ୍କର କବିତା ରୂପରେ ଆବୋରି ନେଲା ତାଙ୍କୁ।

ଭାନୁଜୀଙ୍କ କବିତାର କଥା

ଗୁରୁପ୍ରସାଦ ମହାନ୍ତିଙ୍କ ସହିତ ମିଳିତ ଭାବରେ 'ନୂତନ କବିତା' ପ୍ରକାଶ ପାଇବାର ଦୀର୍ଘ ଅଠର ବର୍ଷ ପରେ ୧୯୭୩ରେ ତାଙ୍କର ପ୍ରଥମ କବିତା ପୁସ୍ତକ 'ବିଷାଦ ଏକ ଋତୁ' ପ୍ରକାଶିତ ହେଲା। ଏଥିରେ ସମସ୍ତ କବିତା ପ୍ରେମ ଓ ପ୍ରଣୟର ରୋମାଣ୍ଟିକ ଧାରଣା ବିଭିନ୍ନ ଚିତ୍ରକଳ୍ପ ଓ ପ୍ରତୀକ ମାଧ୍ୟମରେ ବ୍ୟକ୍ତ। ପୁଣି ଦୀର୍ଘ ନିରବତା ପରେ ୧୩ ବର୍ଷ ବ୍ୟବଧାନରେ ୧୯୮୬ରେ ପ୍ରକାଶିତ ହେଲା 'ନଈ ଆରପାରି' କବିତା ଗ୍ରନ୍ଥ। ଏହି ବହିଟି କେନ୍ଦ୍ର ସାହିତ୍ୟ ଅକାଦେମୀ ଦ୍ୱାରା ପୁରସ୍କୃତ ହୋଇଥିଲା। ୧୯୯୪ରେ ତାଙ୍କର ଚତୁର୍ଥ ପୁସ୍ତକ 'ଚନ୍ଦନ ବନରେ ଏକା' ପ୍ରକାଶିତ ହୋଇ ଓଡ଼ିଶା ସାହିତ୍ୟ ଏକାଡେମୀ ପୁରସ୍କାର ଲାଭ କରିଥିଲା। ୧୯୯୫ରୁ ୨୦୦୧ ମଧ୍ୟରେ ତାଙ୍କର ବାରଟି କବିତା ସଂକଳନ କାହାଣୀ ପ୍ରକାଶନ ସଂସ୍ଥା ପକ୍ଷରୁ ଗିରିଜା କୁମାର ବଳିଆର ସିଂହଙ୍କ ଦ୍ୱାରା ପ୍ରକାଶ ଲାଭ କରିଥିଲା। ସେଗୁଡ଼ିକ ହେଲା 'ଦର୍ପଣ ଆଗରେ', 'ଏକା ଏବଂ ଏକା ଏକା', 'ହଳଦୀ ପତ୍ରର ବାସ୍ନା', 'ଜହ୍ନର ରକ୍ତ ଧଳା', 'ଅନ୍ତର୍ଗତ ସୁଖ ଦୁଃଖ', 'ଶବ୍ଦ ସଂଗେ ଶୃଙ୍ଗାର', 'ସ୍ୱପ୍ନର ପ୍ରଚ୍ଛଦ', 'ରକ୍ତ ମାଂସର କବିତା', 'ଧୂସର ବର୍ଣ୍ଣମାଳା', 'ନୈଶବ୍ଦର ମୁହଁ', 'ଚିତ୍ରିତ ଦ୍ରାଘିମା' ଓ 'ଗୋଧୂଳି ରଂଗର ଗଳି'।

କବି ଭାନୁଜୀ ବାରମ୍ବାର ନିରବ ହୋଇଛନ୍ତି କିନ୍ତୁ ଶେଷ ହୋଇ ଯାଇ ନାହାନ୍ତି। କବିତା ହିଁ ତାଙ୍କୁ ସଂଗ ଦେଇଛି ଓ ବାରମ୍ବାର ନିଜକୁ ଲେଖେଇ ନେଇଛି ତାଙ୍କ ଦ୍ୱାରା। ୨୦୦୧ ଅଗଷ୍ଟରେ ତାଙ୍କର ଶେଷ ପୁସ୍ତକ 'ଗୋଧୂଳି ରଂଗର ଗଳି' ପ୍ରକାଶିତ ହୋଇଛି ଏବଂ ୧୫ ନଭେମ୍ବର ୨୦୦୧ରେ ସେ ଚିରଦିନ ପାଇଁ ନିରବ ହୋଇଛନ୍ତି।

କବିତା ପୁସ୍ତକଗୁଡ଼ିକ କ୍ରମାନ୍ୱୟରେ ଦେଖିଲେ ଦେଖାଯାଏ ନାରୀ, ନଦୀ, ପ୍ରକୃତି ଓ ଶେଷରେ ମୃତ୍ୟୁହିଁ ତାଙ୍କର ନାୟିକା ରୂପ ନେଇଛି। ଏହା କେତେବେଳେ ପାର୍ଥିବ, କେତେବେଳେ ବା ଅପାର୍ଥିବ। ମୁଖ୍ୟତଃ ସେ ସୌନ୍ଦର୍ଯ୍ୟର ରୂପକାର। ନାରୀ, ପ୍ରକୃତି ଓ ମୃତ୍ୟୁ ତାଙ୍କ କବିତାରେ ବାରମ୍ବାର ଏକାକାର ହୋଇଛନ୍ତି। କବିତାର ନାରୀ ଜ୍ୟୋତ୍ସ୍ନାରେ ସ୍ନାନ କରେ, ଉତ୍ତାଳ ସମୁଦ୍ରରେ ମିଶିଯାଏ ତାର ଫେନିଳ ଯୌବନ। ପୁଣି ଏକା ସମୟରେ ଜୀବନର କ୍ଷୟଶୀଳତାକୁ ମଧ୍ୟ ଉପଲବ୍ଧି କରି ପାରିଛନ୍ତି କବି। ଭାନୁଜୀଙ୍କ ପ୍ରେମ କବିତାରେ ପ୍ରେମର ନୂତନ ଚିନ୍ତା ରହିଛି। ଭିନ୍ନ ଭିନ୍ନ ପ୍ରତୀକ ମାଧ୍ୟମରେ ପ୍ରେମିକାର ରୂପ ବର୍ଣ୍ଣନା ରହିଛି ମାତ୍ର ଏହି ପ୍ରେମିକା କେବଳ ପ୍ରଣୟର ଅନୁଚିନ୍ତା କିମ୍ବା ଅନ୍ତରର ଅଭୀପ୍ସା। ଦେହକୁ ନେଇ ବହୁ ବର୍ଣ୍ଣନା ରହିଛି ମାର୍ମିକ ଭାବରେ ପୁଣି ସେଇ ଦେହ ମନେ ହେଉଛି ମୃତ, ଟାଣ ମାର୍ବଲ ତିଆରି କବର ଖାନାର ସମାଧି।

"ସବୁର ତ କ୍ଷୟ ଅଛି
ତୁମେ ମୋତେ ଭୁଲି ଯିବ ଦିନେ
ସରିଯିବ ହୃଦୟର ପ୍ରେମ
ଜୀବନକୁ ଭଲ କରି ଚିହ୍ନେ
ଓଠର ଉଷୁମ କମେ
ବାସି ତାରା ଝରି ଝରି ପଡ଼େ
ତଥାପି କାହିଁକି ସତେ
ମୋ ଦେହକୁ ଭଲ ପାଅ ତମେ ?"

ଭାନୁଜୀଙ୍କ କବିତାରେ ଜୀବନ ଓ ମୃତ୍ୟୁ, ପ୍ରେମ ଓ ନିରାଶା ଛନ୍ଦା ଛନ୍ଦି ହୋଇ ରହିଛନ୍ତି। କବିତାଗୁଡ଼ିକ ପଢୁ ପଢୁ ମନେ ହୁଏ କବି ପ୍ରଣୟ ବିଭୋର ଓ ନିଃସଙ୍ଗତା ଯନ୍ତ୍ରଣାରେ କାତର ମଧ୍ୟ। ଏକ ସମୟରେ ବହୁ ଚେତନାର ସ୍ୱର ଶୁଣାଯାଏ ତାଙ୍କ କବିତାରେ। କବିତା ପାଠକର ହାତ ଧରି ନେଇଯାଏ ଦାରୁଚିନି ଓ ଲବଙ୍ଗର ଅଲୌକିକ ଦ୍ୱିପକୁ। ସେଠାରେ ପ୍ରବାଳ, ଶଙ୍ଖ, ଶାମୁକା ସବୁ ମତ୍ସ୍ୟ କନ୍ୟାର ଲବଣାକ୍ତ ଜାନୁ ପାଖରେ ପଡ଼ିରହିଥାଏ। ଯୌବନର ନୀଳ ଟ୍ରେନ କୁହୁଡ଼ିକୁ ଚିରି ଚାଲିଯାଏ ଈଶ୍ୱରଙ୍କୁ ଭେଟିବାକୁ ଚନ୍ଦନ ବନରେ। ତାଙ୍କ କବିତାରେ ବିଷାଦ ଯେତିକି ଗାଢ଼, ଦୁଃଖ ଯେତିକି ଅନ୍ତରଙ୍ଗ; ପ୍ରେମ ସେତିକି ନିବିଡ଼।

"କେଶର ଅରଣ୍ୟେ ଯଦି
ଆଙ୍ଗୁଠି ମୋ ବାଟ ତା' ହଜାଏ
ଓଠରେ ସଞ୍ଚରି ଯାଏ ଦାରୁଣ ଦଗ୍ଧତା
ସେତେବେଳେ ବୁଝିପାରେ ସାଗରରେ କାହିଁକି ମତ୍ତତା
ଢେଉମାନେ ପରସ୍ପର କାହିଁକି ବ ଧରନ୍ତି ଜାବୁଡ଼ି।"

(ଜୀବନ / ବିଷାଦ ଏକ ଋତୁ)

ସାଗରକନ୍ୟା, ବିନୋଦିନୀ, ପ୍ରତୀକ୍ଷା, ସତ୍ତା ଓ ସମୁଦ୍ର, କାମନା, ସ୍ତନ, ଦିନେ ଦିନେ, ନଦୀ ନାରୀ ନକ୍ଷତ୍ର ଆଦି ବହୁ କବିତା ଏହି ଭାବ ବହନ କରନ୍ତି। ନିଜ କାମନାକୁ, ପ୍ରେମକୁ ଲୁଚାଇ ରଖିବାକୁ ଚେଷ୍ଟା କରିନାହାନ୍ତି; ବରଂ ପ୍ରକାଶ କରିବାକୁ ଚାହିଁଛନ୍ତି ଭାନୁଜୀ।

"ଉଠ ଝିଡ଼ିକିଟା ଖୋଲିଦିଅ, ତୁମର ଦେହଟା
ଚୁଲିମୁଣ୍ଡର ବିଲେଇ ପରି, ଜାକି ଜୁକି ଶୋଇଛି ନିଦର ଆରମରେ
ଝିଡ଼ିକିବାଟେ ମେଞ୍ଚାଏ ଧିକ୍‌କାର ବିଞ୍ଚି

ଖରା ଆସୁ ଘରକୁ
ଦୁନିଆ ଆମର ନାଁ ଜାଣିଲାଣି।

(କାମନା / ବିଷାଦ ଏକ ଋତୁ)

କାମନା କବିତାଟି ଏକ ଗଦ୍ୟ କବିତା, ଯେଉଁଥିରେ ଏକ ଧାରରେ ମାନସିକ ଉଦ୍‌ବେଗର ତୀବ୍ରତା ଓ କେତେଗୁଡ଼ିଏ ଦ୍ରୁତ ବଦଳି ଯାଉଥିବା ଚିତ୍ର, ଅଜଣାକୁ ଖୋଜି ପାଇବାର ଭୟ, ହତାଶାର ଓ ପୁଣି ଆଶ୍ୱସ୍ତ ହେବାର ଅନୁଭବ ଅତି ନିପୁଣ ଭାବରେ ବର୍ଣ୍ଣନା କରାଯାଇଛି। କବିତାଟି ଗୁରୁପ୍ରସାଦ ମହାନ୍ତିଙ୍କ ମନରେ ମଧ୍ୟ ଭାବ ତରଙ୍ଗ ଉଠାଇଥିଲା। ତାଙ୍କ ଭାଷାରେ କବିତାଟିକୁ ଭଲ ହୋଇଛି ନ କହି greatness ଶବ୍ଦଟି ବ୍ୟବହାର କରିଛି। ଗୋଟିଏ ଅନୁଭୂତିକୁ କେନ୍ଦ୍ରକରି ଏତେ ଗୁଡ଼ାଏ ବିଭିନ୍ନ ଅନୁଭୂତି .... ଏତେ ଗୁଡ଼ାଏ complex words pattern ରେ ଏକ ନିଖୁଣ ଭାବରେ ବୁଣି ଦେଇ ପାରିବା ଗୋଟିଏ exceptional ପ୍ରତିଭାର କାମ।"

କାମନା ପରି ସ୍ତନ ମଧ୍ୟ ଏକ ଗଦ୍ୟ କବିତା। ଯାହା ସେତେବେଳେ କାହିଁକି ବର୍ତ୍ତମାନ ମଧ୍ୟ ବହୁ ସାହିତ୍ୟିକଙ୍କ ପାଖରେ ଅତ୍ୟନ୍ତ ଅଶ୍ଳୀଳ। ଭାନୁଜୀଙ୍କୁ ଅନେକ ନିନ୍ଦା ଅପମାନ ଆଣି ଦେଇଥିବା କବିତା ମଧ୍ୟରୁ ଅନ୍ୟତମ। ଅନ୍ୟପକ୍ଷରେ ବହୁ ବିଦଗ୍ଧ ପାଠକଙ୍କର ପ୍ରିୟ ମଧ୍ୟ। ଦେହର ଏକ ନିର୍ଦ୍ଦିଷ୍ଟ ଅବୟବକୁ ନେଇ ଘନିଷ୍ଠତାର ଚିତ୍ର। ପୂର୍ବପରି ଅନୁଭବର ସ୍ତର ପରେ ସ୍ତର, ଧ୍ୱଂସର, ବିସ୍ମୟର, ବିଭ୍ରାନ୍ତିର, ଆଶ୍ରୟର, ସନ୍ତୋଷର ଓ ନିର୍ଭରତାର ବାର୍ତ୍ତା ବହନ କରୁଥିବା କବିତା। ଯାହା ବର୍ତ୍ତମାନ ଯୁଗରେ ସାଧାରଣ ହୋଇପାରେ କାରଣ ଏ ଯୁଗ ଓ ସେ ଯୁଗ ମଧ୍ୟରେ ଆକାଶ ପାତାଳର ପ୍ରଭେଦ। କିନ୍ତୁ ସେ ଯୁଗର ଆରମ୍ଭ ସେଇଠାରୁ ଯାହା ମୁଖା ଭିତରେ ନିଜକୁ ଘୋଡ଼ାଇ ରଖି ପାପର ପଙ୍କରେ ନଲୁଚି ବରଂ ସବୁକିଛି ଖୋଲି ସ୍ୱୀକାର କରିବାକୁ ସାହସ ଦେଖାଇପାରେ।

କିନ୍ତୁ କ୍ରମଶଃ ଭାନୁଜୀଙ୍କ କବିତାରେ ବିଷାଦ ଓ ଏକାକୀତ୍ୱର ଭାବ ବିଶେଷ ଭାବରେ ଫୁଟି ଉଠିଛି। କବିତାରେ ତାଙ୍କର କାବ୍ୟ ନାୟିକା ଅଜଣା ବିଷାଦରେ ବାରମ୍ବାର ଦଗ୍ଧ ହୁଏ, ଏଇ ବିଷାଦ ମଧ୍ୟରେ ସେ ପ୍ରେମକୁ ଖୋଜେ ଓ ପାଏ।

"ଫୁଲ ଫୁଟେ ଫୁଲ ମରିଯାଏ
ଫୁର୍ କରି ଉଡ଼ିଗଲା କୋଇଲି
ପଣସ ଗଛର
ନିଦ ଭାଙ୍ଗି ଦେଇ।"

(ଚନ୍ଦନ ବନରେ ଏକା)

ଏହି ପ୍ରେମ ଓ ମୃତ୍ୟୁ ଏକୀଭୂତ ହୋଇ ଯିବାର ଭାବନା ତାଙ୍କର ଶେଷ ପୁସ୍ତକ 'ଗୋଧୂଳି ରଙ୍ଗର ଗଳି' ପୁସ୍ତକରେ ବିଶେଷ ଭାବରେ ପରିଲକ୍ଷିତ ହୋଇଛି। ନକ୍ଷତ୍ରର ନାରୀ କବିତାରେ ତାହାର ଇଙ୍ଗିତ ରହିଛି।

"ପାହାଡ଼ର ବିନ୍ୟାସରେ ସେହି ନାରୀ
ଠିଆ ରହେ ଅମୋଘ ନିୟତି ପରି
ତା' ଦେହରୁ ଝରି ଝରି ପଡ଼େ
କବନ୍ଧ ଅନ୍ଧାର ସବୁ
ସୁଷମା ଧାରାରେ।"

ତାଙ୍କରି ପାଞ୍ଚଟି ଅପ୍ରକାଶିତ କବିତା ମଧ୍ୟରୁ ଶେଷ କବିତାଟିର କଥା ଆଗରୁ କୁହାଯାଇଛି। ସେ ନିଜ ଜନ୍ମ ଦିନରେ ଲେଖିଥିଲେ, ହୁଏତ ନିଜ ପ୍ରିୟତମାକୁ ନେଇ। ଯେ ମୃତ୍ୟୁ ସେପାଖେ ଏକ କୁହୁଡ଼ିର ନାରୀ ରୂପରେ ଠିଆ ହୋଇଛି ତାର ହୃଦବଲ୍ଲରୀରେ ତାଙ୍କୁ ଆବୋରି ନେବାକୁ। ଏବଂ କବି ଅଚିରେ ସେଇ ପ୍ରିୟତମାର ହୃଦବଲ୍ଲରୀରେ ବିଲୀନ ହେବାକୁ ଧାଇଁ ଯାଇଛନ୍ତି ମୃତ୍ୟୁ ପାଖକୁ ଯେ ତାଙ୍କୁ ଅତି ଆଦରରେ ଆବୋରି ନେଇଛି।

୨୦୦୧ ନଭେମ୍ବର ୧୫ ତାରିଖରେ ପ୍ରକୃତିକୁ ଭଲ ପାଉଥିବା କବି ସବୁଦିନ ପାଇଁ ନିରବ ହୋଇ ଯାଇଛନ୍ତି। ଯେଉଁ କବିଙ୍କ କଲମରୁ ଝରି ପଡ଼ିଥିଲା,-

"ପବନର ପାନିଆରେ ବାଳ ବାନ୍ଧେ
ପୃଥିବୀର ରାତି
ତାରା ଫୁଲ ଖୋଷି"

ଯେଉଁ କବି ଅସଂଖ୍ୟ ଥର ଚନ୍ଦ୍ର, ଚମ୍ପା, କାଶତଣ୍ଡୀ, ନଦୀପଠାର ସୌନ୍ଦର୍ଯ୍ୟକୁ ଧରି ରଖିବାକୁ ଚାହିଁଥିଲେ ତାଙ୍କ କବିତାର ମୋହମୟ ଉକ୍ତି ଭିତରେ, ସେ ଆଜି ଆମଠାରୁ ବିଦାୟ ନେଇଛନ୍ତି କିନ୍ତୁ ତାଙ୍କ କବିତା ବଞ୍ଚି ରହିଛି ଆମ ଭିତରେ। ଅଶ୍ଳୀଳ କହି ବହୁ ସମାଲୋଚକ ତାଙ୍କୁ ବାରମ୍ବାର ଠେଲି ଦେବାକୁ ଚେଷ୍ଟା କରିଛନ୍ତି ସାହିତ୍ୟର ଅନ୍ଧକାର କୋଣକୁ। କବି ନିଜକୁ କେବେ ପ୍ରକାଶ କରି ସେଇ ଅନ୍ଧକାରରୁ ଆଲୋକକୁ ଉଠି ଆସିବାକୁ ଚେଷ୍ଟା କରି ନାହାନ୍ତି ମାତ୍ର ତାଙ୍କ କବିତା ସବୁ ତାଙ୍କ ହାତ ଧରି ଅନ୍ଧକାରରୁ ଫେରେଇ ଆଣିଛନ୍ତି ତାଙ୍କୁ ତାଙ୍କ ପ୍ରିୟ ପାଠକମାନଙ୍କ ନିକଟକୁ, ଯେଉଁମାନେ ତାଙ୍କୁ ଆଜି ମଧ୍ୟ ଖୋଜନ୍ତି ନିଜ ଅନ୍ତର ଭିତରେ।

■

ସୂଚୀ ଓ ସୂଚନା

ପ୍ରେମ ୨୩
ସ୍ୱର୍ଗ ୨୫
ଦିନ ଆସେ ଦିନ ଯାଏ ୨୬
ହସ୍ତୀ ଦର୍ଶନ ୨୮
ନୋଟିସ ୨୯
ଯଦି କେବେ ୩୧
ଶବ୍ଦର ଚଢ଼େଇ ୩୩
କଥା ଥିଲା ୩୬
ଶେଷ ଦୃଶ୍ୟ ୩୮
ସ୍ମୃତି ୩୯
ଘର ୪୧
ଖବର ୪୨

ଗୋଟିଏ କବିତା ପାଇଁ	୪୩
ଦୁଃଖ	୪୫
ବ୍ୟବଧାନ	୪୭
ଠିକ୍ ଖରାବେଳେ	୪୯
ମହାପୃଥିବୀ	୫୧
ଅମୀର ଖାଁ	୫୩
ବୟସ	୫୫
ରଙ୍ଗ	୫୭
ପିତାମହ	୫୯
ଦୂରତ୍ୱ	୬୧
ଚାଲିଯିବି	୬୩
କେତେଦିନ	୬୫
ସ୍ୱପ୍ନ	୬୭
ଦ୍ୱୀପ	୬୯
ସ୍ୱୀକାରୋକ୍ତି	୭୧
ଆସେସବୁ	୭୩
ବିଷ	୭୫
ଫୁଲ	୭୭
ମିଥୁନ ଲଗ୍ନ	୭୯
ଛାଡ଼ିଯିବି	୮୦
ମା	୮୨
ନଇ ଆର ପାରି	୮୪

ପ୍ରେମ

ପ୍ରେମ ଏକ ରଢ଼ ନିଆଁ,
ପୋଡ଼ିଦିଏ ସବୁ କିଛି,
ହାତର ପାପୁଲି ଆଉ ଆଖିପତା, ଓଠର ପାଖୁଡ଼ା।
ପ୍ରଜ୍ୱଳିତ ମେଘ ଭଳି ଘୋଟିଯାଏ ଦେହର ଆକାଶ,
ଲେଲିହାନ ଜିଭ ଦେଇ ଚାଟେ ମନ - ଅଇଁଠା ପତର।

ଶବ୍ଦର ବିହଙ୍ଗସବୁ ଉଡ଼ିବାକୁ ଭୁଲିଯାନ୍ତି,
ଈର୍ଷାର କତୁରୀରେ ପ୍ରେମ କାଟେ ସେମାନଙ୍କ ଡେଣା।
ପ୍ରେମକୁ ଦେଖିଛ କେବେ,
ଢଳିଲା ଭଙ୍ଗୀରେ ଚାଲେ ବାବୁରୀ ବାଳକୁ ଛାଟି,
ଭରା ଦେଇ ଠିଆ ହୁଏ ଗୋଧୂଳି ଆକାଶ-
ପଞ୍ଜାବୀର ଲମ୍ବ ପକେଟରୁ ଅଙ୍କ ନଇଁ
ଆଡ଼ିଆଣେ ସ୍ତନର ସ୍ତବକ ?

ପ୍ରେମ ନୁହେଁ ଅଶରୀରୀ; ତସ୍କର ସେ, ବିଶ୍ୱାସଘାତକ,
ଆଷାଢ଼ର ନଦୀ ଭଳି ଦମ୍ଭରେ ଫୁଲି ଫୁଲି
ଭାଙ୍ଗିଦିଏ ଛାତିର ବୁରୁଜ ।
ଦୁର୍ଯ୍ୟୋଧନର ଭଳି ହରେ
ଦ୍ରୋପଦୀ ପଣତ- ମୋର ଲାଜ ।

    ଯାତ୍ରାରେ ରାଜା ପାର୍ଟ, ଏହା ଥିଲା ମୋର କାରବାର,
    ହାତେ ଧରି ଟିଣ ତଲବାର ।
    ଛଡ଼ାଇ ନେଲା ମୋଠୁଁ ସବୁ କିଛି, ଜରିର ମୁକୁଟ
    ରଖିଗଲା ମୋ ପାଇଁକି ଦେଖିବାକୁ
    ପାଣି ଫାଟ ଭୂମିକା ଶୁକୁଟ ।

ସ୍ୱର୍ଗ

ବେଳେ ବେଳେ ପୃଥିବୀରେ
ନରମ ବର୍ତ୍ତୁଳ ଜହ୍ନ ଉଠେ,
ରଜାପୁଅ ଭୁଲିଯାଏ ଦୀର୍ଘଶ୍ୱାସ ପକାଇବାକୁ,
ଆଉ,
ରଜାଝିଅ ଜଳକେଳି କରୁ କରୁ
ତାର ଛାତିର ଯନ୍ତ୍ରଣା ଜୋଛନାରେ ମେଲି ଦିଏ।
ସେତେବେଳେ ଜାମୁକୋଳି ସବୁ
ନଈ ପାଣିରେ ଟୁପ୍ ଟାପ୍ ଝଡ଼ି ପଡ଼ନ୍ତି ପାଚିଲା ସୁଖରେ।

ବେଳେବେଳେ ପୃଥିବୀରେ ମଳୟ ବହେ,
ଧାନକ୍ଷେତରେ ଗଭୀରରେ ସୁନ୍ଥା ପକାଏ ପବନ।
ମୁହାଣରେ ଆରମ୍ଭ ହୁଏ ଉଜାଣି - ଜୁଆର,
ଠିକ୍ ସେତିକିବେଳେ କେଉଟର ଜାଲରେ
ସ୍ୱପ୍ନମାନେ ଚିତଳ ଭଳି ଚହଲନ୍ତି।
ଏବଂ,
ଶାମୁକା ପେଟରେ ଧରା ଦିଅନ୍ତି ମୁକ୍ତା।

ବେଳେ ବେଳେ ଏ ପୃଥିବୀ ଭରିଯାଏ
ଚମ୍ପାଫୁଲ ମହକରେ
ଦୂରରେ ଧବଳ ଅନ୍ଧାର ଭାସେ
ସାଧବ-ବୋଇତ।

■

ଦିନ ଆସେ ଦିନ ଯାଏ

ଥରେ ଥରେ ଦିନ ଆସେ ବର ବେଶରେ, ମଥାରେ ମୁକୁଟ ଲଗାଇ
ତା' ସାଙ୍ଗର ବରଯାତ୍ରୀମାନେ ମାଣିଆବନ୍ଧି ଧୋତିର କୁଞ୍ଚ ସମ୍ଭାଳୁ ସମ୍ଭାଳୁ
ଖୁବ୍ ଦିମାକରେ ରାସ୍ତା ମଝିରେ ପାନପିକ ପିଚ୍ କରି ପକାନ୍ତି,
ବେକର ମଲ୍ଲୀହାର ଅଳ୍ପ ଅଳ୍ପ ଦୋହଲୁଥାଏ ସେମାନଙ୍କର।

ବେଳେ ବେଳେ ଦିନ ଆସେ ତାତାର ଦସ୍ୟୁ ଭଳି ହତରେ ଖଣ୍ଡା ଧରି,
ଘୋଡ଼ାଟାପୁର ଧୂଳିରେ ଭରିଯାଏ ପୃଥିବୀ।
ସେଦିନ ସେ ରକ୍ତାକ୍ତ ପାପୁଲିରେ ନାରୀମାନଙ୍କ ଚିକୁର ସ୍ପର୍ଶକରେ।

ଆଉ ଦିନେ ଦିନେ ଯେତେବେଳେ ଅଭିମାନ ଭଳି
ଚାରିଆଡ଼େ ଘୋଟିଯାଏ କୁହୁଡ଼ି,
ଦିନ ଆସି ଠିଆ ହୁଏ ରିକ୍ତ ବିଧବା ପରି
ଲଙ୍ଗଳା ହାତରେ ଆଞ୍ଜୁଳାଏ ଦୁଃଖ ଅଜାଡ଼ି ଦେଇ।

ନଈ ପାଣିରେ ଜହ୍ନର ପରାତ ବୁଡ଼ିଛି କେତେବେଳୁ
ପେଚା ତାର ଡେଣା ଦେଇ ଅନ୍ଧାରକୁ ଜରିପ୍ କରିଛି ବାରମ୍ବାର,
ପଠାରେ, ଘାସର ଅରମା ଭିତରୁ ଗୋଧୀ ସାପ ମନ୍ଥର ଭାବରେ
ବାହାରି ଆସେ ସୂର୍ଯ୍ୟକୁ ଭେଟିବାକୁ,
ସେତେବେଳେ ଦିନ ଆସେ ଠିକ୍ ଗୋଟାଏ ଲେଙ୍ଗେଡ଼ା ଭିକାରୀ ପରି
ବାଡ଼ରେ ଭରା ଦେଇ ଆଣ୍ଠେଇ ଆଣ୍ଠେଇ ।

ପୁଣି ଆଉ କେତେବେଳେ କିଶୋରୀର ଓଦା ସ୍ତନ ପରି କରୁଣ ଦିନ ଆସେ,
ଯିଏ ପୋଖରୀ ତୁଠରୁ ଲୁଗା ଚୁପୁଡ଼ି ଚୁପୁଡ଼ି ଘରକୁ ଫେରୁ ଫେରୁ
ବାଟରୁ ସାଉଁଟି ନିଏ ଗଂଗ ଶିଉଳି-
ଯାହର ସବୁ ପାଖୁଡ଼ାରେ କାକର ।

■

ହସ୍ତୀ ଦର୍ଶନ

ନାରୀର ସନ୍ଧାନରେ ସେମାନେ ସବୁ ବାହାରିଲେ ଦିନେ
ଅମୁକ ଅକ୍ଷାଂଶ ଆଉ ସମୁକ ଦ୍ରାଘିମାରେ ବହୁତ ଖୋଜିଲେ।
ଜଣେ କହିଲା : ନାରୀ ଦେଖି ନାହଁ?
ନଦୀ ପରି ଦୁଇ ଜାନୁ,
ଏବଂ, ତା ଦେହରେ ଓଲଟ ଚମ୍ପା ଫୁଟେ
ତାର ଚିକୁର ଶ୍ରାବଣ ଦିଗନ୍ତ ଭଳି ମାୟାବୀ ଆଉ ଅଳସ।

ନାରୀର ଓଠ ଓ ସ୍ତନ ସମ୍ପର୍କରେ
ଜଣେ ବିଶେଷଜ୍ଞ କହିଲେ : ବହୁତ ଦୂରରୁ ଏହା ଆକର୍ଷଣ କରେ,
ଏବଂ ପାଖକୁ ଘୋସାରି ଆଣି ପୁରୁଷର ନିଃଶ୍ୱାସକୁ ରୁନ୍ଧିଦିଏ।

ନାରୀ ଦେହରୁ ସର୍ବସ୍ୱ ଛଡ଼ାଇ ନେଲେ
ତାର ନଗ୍ନତା ଅନ୍ଧାରରେ ଜ୍ୱଳୁଥାଏ ଯେମିତି ମନ୍ଦାର।
ଶେଷକୁ ଜଣେ ବିଜ୍ଞ ବୁଢ଼ା କାଖ କୁଣ୍ଡାଉ କୁଣ୍ଡାଉ କହିଲେ:
ବୁଝିଲ ହେ, ନାରୀ ହେଲା, ସାଢ଼େ ପାଞ୍ଚ କପ୍ ଅଭିମାନ
ଆଉ ଦେଢ଼ ଲିଟର ଅଶ୍ରୁର ସମାହାର।

ନାରୀର ଆଖି ସମ୍ବନ୍ଧରେ ଉପମା ସେମାନେ
କିଛି ହେଲେ ଖୋଜି ପାଇଲେ ନାହିଁ,
କାରଣ ସେମାନେ ଥିଲେ ସମସ୍ତେ ଅନ୍ଧ।

■

ନୋଟିସ୍

ଆଜି,
ମୋ ଝରକାରେ ଅନେକ ମେଘ,
ଆଉ,
ତୁମ ବଗିଚାରେ ଗୋଲାପର ପାଖୁଡ଼ାରେ ରକ୍ତ।
ମୁଁ ପାରୁ ନାହିଁ ଦେଖି ତୁମକୁ,
ତୁମ ଆଖି, ଭ୍ରୂଲତା ଏବଂ ଓଠ ନେଶି ହୋଇ ଯାଇଛି କୁହୁଡ଼ିରେ।
କିନ୍ତୁ,
ତୁମ ଚୁଡ଼ିର ଶବ୍ଦ ସୁଦୂର ଜଳପ୍ରପାତ ଭଳି ମୋ ଚେତନାରେ ବାଜୁଛି।
ଆମ ବିଚ୍ଛେଦ ଜିରାଫ୍ ପରି ତାର ଦୀର୍ଘ ଗ୍ରୀବା
ବଢ଼ାଇ ଜହ୍ନକୁ ଛୁଇଁବାକୁ ବସିଛି।
ମନେ ଅଛି,
ସେଇ ଜହ୍ନ, ଯା'ର ହାତ ଧରି ଅପବାଦର ଉପତ୍ୟକା
ପାରିହୋଇ ନିତି
ଘରକୁ ଫେରିଥିଲୁ ଦୁହେଁ?
ଜାଣ ତୁମେ, ନୀଳ ଆକାଶର ସାମିଆନା ଚିରି
ହଳଦୀ ବସନ୍ତ ଚଢ଼େଇ ଉଡ଼ି ଯାଇଛି ଦୂର ଦିଗ୍‌ବଳୟକୁ?

ବାଦୁଡ଼ିର ଡେଣା ପରି ବାହାରେ ଅନ୍ଧାର
ଝୁଲୁଛି,
ବଉଳ ଝରି ଝରି ପଡୁଛି ଘାସରେ - ଯନ୍ତ୍ରଣାରେ ପାଣ୍ଡୁର।
ଗେହ୍ଲେଇ ବିଲେଇଟା ଶୋଇଛି ତୁମରି କୋଳରେ-
ବେଶ୍ ଶୋଇଥାଉ !

ମୁଁ ଭାବୁଛି, କାଲି ଗୋଟିଏ ନୋଟିସ୍ ଟାଙ୍ଗିବି,
ତୁମ ବଗିଚାର ମନ୍ଦାର ଗଛର ଡାଳରେ-
'ଭ୍ରମରଙ୍କ ପ୍ରବେଶ ନିଷେଧ'।

■

ଯଦି କେବେ

ଯଦି କେବେ ଫୁଲର ପାଖୁଡ଼ା,
ଝରିଯାଏ, ଝରି ଝରି ଯାଏ,
ପରାଗ ଟିକକ ଲାଗି
ଯୋଜନ ଯୋଜନ ଦୂର
ବାଲିକୁଦ ଡେଇଁ ଅପନ୍ତରା,
ଆସିଛି ତଥାପି ମୁଁ ତ
ପାରି ହୋଇ ପାଖୁଡ଼ାର ଚୂଡ଼ା ।

ଯଦି କେବେ ଜହ୍ନର ପରାତ
ଉଠୁ ଉଠୁ ମେଘର ଉହାଡ଼,
ଗ୍ରାସ କରେ ବର୍ତ୍ତୁଳ ସୁଷମା,
ଜୋଛନା ଟିକକ ପାଇଁ
ଧାନ କ୍ଷେତ, ମଶାଣି, ଟାଙ୍ଗର
ପ୍ରଦକ୍ଷିଣ କରି କରି
ଖୋଜି ଖୋଜି ବନସ୍ତର ସୀମା,
ନିଶାନ୍ତରେ ପାଇଯିବି ନିଶ୍ଚେ ସେହି ପ୍ରଚ୍ଛନ୍ନ ପ୍ରପାତ ।

ଯଦି କେବେ ଲିଭେ ଦୀପ,
ଥରି ଥରି ଲିଭି ଲିଭି ଯାଏ,
ବଗିଚାରେ ଭରିଯାଏ ଅନାବନା ଘାସ,
ମୋ ଡାକର ପ୍ରତିଧ୍ୱନି ଶୁଭୁ ଶୁଭୁ
ନଇ ପଠାଆନ୍ତୁ,
ତୁମେ କଣ ସଜାଡ଼ିବ
ଦଗ୍ଧ ଆଉ ବିବର୍ଣ୍ଣ ସଳିତା,
କିଞ୍ଚିତ ଉତ୍ତାପ ପାଇଁ
ସାତ ତାଳ ଅନ୍ଧାର ସାଉଁଟି ?
ବୃଥା ଏ ଶ୍ରାବଣ କଣ ଫେରିଯିବ
ଆଉ କେବେ ଫୁଟିବନି ନୀପ ?

ଯଦି କେବେ ଛିଣ୍ଡେ ତାର
ସ୍ତବ୍ଧ ବୀଣା ପଡ଼ିରହେ ଖାଲି,
ମୂର୍ଚ୍ଛନା ତ ଲାଗିଥାଏ
ନିଃଶ୍ୱାସରେ ନିଃଶ୍ୱାସରେ
କାନ୍ଦଣାର ରୁଦ୍ଧ ସ୍ୱର ଟୋଳି-
ପୋଛେ ନାହିଁ ସେ ଅଳିଭା ଗାର ।

ଯଦି କେବେ ହାତ ଥମେ
ଲେଖୁ ଲେଖୁ ଚିଠିର ଖସଡ଼ା,
ସନ୍ଦେହର ଗୋଳି ପାଣି କୂଳ ଖାଏ
ଖସି ପଡ଼େ ସ୍ମୃତିର ଅତଡ଼ା,
ମନର କବାଟ କିଳି ପାରିବନି, ତଥାପି ଅନ୍ତତଃ
ଅଳ୍ପ ଫାଙ୍କ ରହିଯିବ,
ଲମ୍ବିଯିବ ପାହାଚରୁ ପାହାଚକୁ
ଧାର ଧାର ରକ୍ତ ପରି
ଏ ମୋହର, ଏ ତମର ପାପ ।

ଶବ୍ଦର ଚଢ଼େଇ

ଶବ୍ଦମାନେ ଉଡ଼ିଯାନ୍ତି ଡେଣା ମେଲି ସୁମେରୁ-କୁମେରୁ,
ଶବ୍ଦମାନେ ଭୀଷଣ ତରକା,
ମୁଁ ଏକ ବ୍ୟାଧ ଭଳି ଛକି ଛକି ଉଦ୍ୟତ ଜାଲକୁ
ଯେତେଥର ମେଲିବାକୁ ଯାଏ
ସେମାନେ ରହିଯାନ୍ତି ପଳାତକ ଏବଂ ଅଧରା ।

ଶବ୍ଦମାନେ ମାତିଯାନ୍ତି ଘୋର ମନ୍ତ୍ରଣାରେ,
ଛିଗୁଲାନ୍ତି ବାରମ୍ବାର ମୋତେ,
ମୁଁ ଦେଖିଛି କେତେଥର ସେମାନଙ୍କ ପ୍ରଚଣ୍ଡ ବିକ୍ଷୋଭ,
ବିଦ୍ରୋହରେ ଫାଟି ପଡ଼ି ମୋ ଶାନ୍ତିକୁ ବିଘ୍ନିତ କରାନ୍ତି ।
ଏବଂ କୌଣସି ସାଲିଶ୍
ମାନିବାକୁ ସେମାନେ ନାରାଜ
ଆନ୍ଦୋଳିତ ହାତରେ ତାଙ୍କର ଭର୍ତ୍ସନାର ଢେଲା ।

ଶବ୍ଦମାନେ ଭୀଷଣ ଚାଲାକ,
ସେମାନେ ଜାଣିଛନ୍ତି କେତେବେଳେ ମୁଁ ଅତି ଦୁର୍ବଳ
ଅଧଲାଏ କ୍ଷମତା ବି ମୋ ହାତରେ କେତେବେଳେ ନାହିଁ ।
ସେହି ସବୁ ସମୟକୁ ବାଛି ବାଛି ସେମାନେ ପଠାନ୍ତି
ଚିତାକଟା ଶବ୍ଦ ଜଣେ- ସେ ଆସି ବସିଥାନ୍ତି
ମୋ ଫାଟକ ପାଖ ଚୁପ୍‌ଚାପ୍ ।

ତାଙ୍କର ବ୍ୟବହାର କିନ୍ତୁ ଅତିଶୟ ଧୋବ ଧାଉଳିଆ ।
ଓଠରେ ମୃଦୁ ହସ ଅବିରତ ଲାଗିଥାଏ ତାଙ୍କ
ସେ ବସି କରୁଥାନ୍ତି ମୋ ଉତ୍ତେଜନାକୁ ଜରିପ ।

ବେଳେ ବେଳେ ଶବ୍ଦ ମୋର ବଗୁଲିଆ ପିଲା ପରି
ମେଘ ଧରି ଯାଏ,
ମୋ ଛାତିରେ ପଶଇ ଛନକା
ଯେତେ ହେଲେ ଶବ୍ଦ ସେ ତ ଯଦି ଯାଏ ହଜି !
ମୋ ସହିତ ପୁରାତନ ପ୍ରୀତି
ମୁଁ ଜାଣିଛି ସେମାନଙ୍କ ଯାବତ କୌଶଳ
ସେମାନଙ୍କୁ ଫୁସୁଲି ଫାସୀଲି କେତେବେଳେ ବନ୍ଦୀ କରିହୁଏ,
କେଉଁ ଶବ୍ଦ କଞ୍ଚା ପୁଣି, କେଉଁ ଶବ୍ଦ ଅତି ଅଲିଅଳ,
କେଉଁ ଶବ୍ଦ ପ୍ରଗଲଗଭ ତ, କିଏ ଅବା ନିଲଠା ବେହେଲ ।

ମୁଁ ଦେଖିଛି ଶବ୍ଦମାନେ ରତିକ୍ରିୟା ପର୍ଯ୍ୟନ୍ତ କରନ୍ତି,
ଡଉଲ ଡାଉଲ ଶବ୍ଦ ଆଶ୍ଲେଷରେ ପରସ୍ପରେ ଭିଡ଼ି,
ହଳ-ହଳ ଯୋଡ଼ି-ଯୋଡ଼ି ଜଳକେଳିରତ,
ସେତେବେଳେ ରାତି ରାତି ଅତର୍କିତେ ମୁଁ ବାହାରେ ଧରିବାକୁ
ଶବ୍ଦଙ୍କୁ ହଠାତ୍,
ନିସ୍ତୁକ୍ ଅନ୍ଧାରରେ, ଦରାଣ୍ଡି ଦରାଣ୍ଡି, ଯାଯାବର ଡେଣା ତାଙ୍କ କାଟେ,
ହାତେ ନେଇ ବାକ୍ୟ-ବନ୍ଧ ଚତୁର କତୁରୀ ।

ଯେତେବେଳେ ଶବ୍ଦସବୁ ଝାଉଁଳନ୍ତି, ଅଥବା
ଭୋକରେ ଶୋଷରେ ହେଉଥାନ୍ତି ଆଉଟି ପାଉଟି,
ମୁଁ କିନ୍ତୁ ସେତିକିବେଳେ ଝାମ୍ପିପଡ଼େ ତାଙ୍କ ଉପରକୁ,
ମୁଁ ଜାଣିଛି ଶିକୁଳି ବା ଜନ୍ତା ନୁହେଁ ପର୍ଯ୍ୟାପ୍ତ ଏଥିକୁ,
ତେଣୁ ତାଙ୍କୁ ଭରିନିଏ ଚଟାପଟ ନିଶ୍ଛିଦ୍ର ବସ୍ତାରେ ।

ତା' ପରେ ଚାଲିଯାଏ ବଜାର ଆଡ଼କୁ,

ଯେଉଁଠି ବିକ୍ରୀ ହୁଏ ବାସି ବରା, ମାଛି ଓ ପିଆଜି,
ସେହିଠାରେ କଂସେଇ ଦୋକାନ କଡ଼େ, ବେଶ୍ୟାଳୟ
ପଛପଟେ,
ମୁଠା ମୁଠା ରକ୍ତ ମାଂସ, ହାଡ଼ ଆଉ ମେଳା ମେଳା
କୁକୁର ଭିଡ଼ରେ
ହଜିଯିବା ଈଷତ୍ ପୂର୍ବରୁ
ପଶିଯାଏ ଛାପାଖାନା ଅନ୍ଧାର ଗଳିରେ
ଯେଉଁଠି କାଳିବୋଳା ହାତରେ ତାଙ୍କର
ସମର୍ପଣ କରେ ମୋର ମୁଣି ମୁଣି ଶିହରିତ
ଶବ୍ଦର ଶୀତ୍କାର।

■

କଥା ଥିଲା

କଥା ଥିଲା ଦେଖା ହେବ ଗୋଧୂଳିରେ
ଯେତେବେଳେ ଛାଇସବୁ ଓହ୍ଲାନ୍ତି ଗଭୀର ରକ୍ତରେ,
ଆଉ ସୂର୍ଯ୍ୟର ଶବବାହକମାନେ ବିଞ୍ଚୁଥାନ୍ତି ତରାର କଉଡ଼ି,
କଥା ଥିଲା ତୁମେ ଆସି ହାତ ଧରି ନେଇଯିବ ମୋତେ,
ପଶ୍ଚିମ ଦିଗନ୍ତବ୍ୟାପୀ ସେତେବେଳେ ରକ୍ତପାତ ଯେତେ !

କଥା ଥିଲା ମେଘସବୁ ଘୁଞ୍ଚିଯିବେ ଦିଗନ୍ତରୁ ସବୁଦିନ ପାଇଁ,
ଆକାଶରୁ ଲମ୍ବିଥିବା ଜୋଛନାର ପତିଆରା ପାଇ
ଆମେ ଦୁହେଁ ବୁଡ଼ିଯିବା ନୀଳିମାରେ ଗାଧୋଇ ପାଧୋଇ,
କଥା ଥିଲା ଦେଖା ହେବ ନିଛାଟିଆ ନଈପଠା କଡ଼େ,
ଗଭାରେ ସଜଡ଼ା ଥିବ - ଚମ୍ପାକଢ଼ ଗୋଟିଏ ଦିଓଟି,
ତୁମର ସେସବୁ ଆଜି ମନେ କଣ ପଡ଼େ ?

ନୀଡ଼ ଅଛି ବିହଙ୍ଗର, ବିଲୁଆ ବି ପଶନ୍ତି ଗାତରେ,
ଯେ ଯେଉଁଠି ଜାକିଜୁକି, ଟିକିଏ ଉଷ୍ଣତା ପାଇଁ
ହୁଅନ୍ତି କାତର,
ହେଉପଛେ ଝାଟିମାଟି, କଥା ଥିଲା ବାନ୍ଧିବାକୁ ଘର ପରସ୍ପର ।

କଥା ଥିଲା କେତେ କିଛି କହିବାକୁ;
ହୃଦୟକୁ ଥାପି ହୃଦୟରେ
ଯୁଗ ଯୁଗ ବିତାଇ ଦେବାକୁ।
ରକ୍ତରୁ କାଢ଼ିନେଇ ନୀଳ ବିଷଣ୍ଣତା
ଅବଗାହି ନିସ୍ତରଙ୍ଗ ଗାର୍ହସ୍ଥ୍ୟ ସରସୀ,
କଥା ଥିଲା ପିନ୍ଧିବାକୁ ପ୍ରଗାଢ଼ ବିସ୍ମୟ ଭଳି
ଲାଲି ବନାରସୀ।

"କଥା ଥିଲା, କଥା ଥିଲା"
ଉଡ଼ି ଉଡ଼ି କହିଯାଏ ହଳଦୀ ବସନ୍ତ,
ହୋମାଗ୍ନିର ଧୂଆଁ ପରି ଚାରିଆଡ଼େ ବିବ୍ରତ କୁହୁଡ଼ି,
ସୂର୍ଯ୍ୟ ଗଲା ବୁଡ଼ି,
ସବୁକିଛି ଗଲ ତୁମେ ଭୁଲି
ଦିଗନ୍ତର ପାଦ ପାଖେ ପଡ଼ିରହେ ନିହତ ଗୋଧୂଳି।

ଶେଷ ଦୃଶ୍ୟ

ସବୁ କିଛି ସରିଯିବ ଦିନେ,
ରକ୍ତିମ ପ୍ରପାତ ପରି ଦିଗନ୍ତର ବିପୁଳ ବୈଭବ,
ପୂର୍ଣ୍ଣମୀ ତିଥିର ଜହ୍ନ
ଅବା ପୁଣି ପ୍ରାବୃଟର ସଜଳ ମହିମା,
ସବୁ ସରିଯିବ।

ସରିଯାଏ ସବୁକିଛି ମଳୟର ଦୀର୍ଘଶ୍ୱାସ ପରି
ଆତପ୍ତ କାଞ୍ଚନ ବର୍ଣ୍ଣ ନାରୀ ଦେହ, ସେ ବି ଯିବ ସରି,
ଝରିଯିବ ସୁବର୍ଣ୍ଣ ସୁଷମା।
ମହମରେ ଗଢ଼ା ସେଇ ଅନବଦ୍ୟ ହାତର ପାପୁଲି,
କୁଞ୍ଚି ହୋଇଯିବ,
ଚିରୁଡ଼ା ଚିରୁଡ଼ା ହୋଇ ଫାଟିଯିବ ସ୍ତନର ଡାଳିମ୍ବ,
ରିକ୍ତ ଆଖି କଥା ଆଉ କହିବନି କେବେ!

ସରିଯିବ ପିଲାବେଳ, ପ୍ରଜାପତି ଡେଣା ଯିବ ଛିଡ଼ି,
ଯୌବନର ନୀଳ ଟ୍ରେନ ପହଞ୍ଚି ଶେଷ ଷ୍ଟେସନରେ,
ଜୀବନର ପଶାଖେଳ - ସେ ବି ଯିବ ସରି,
ଥମିଯିବ ଛଞ୍ଚାଣର ତିର୍ଯ୍ୟକ୍ ଉଡ଼ାଣ।
ଶେଷ ହେବ ରାତି-ଦିନ, ସନ୍ଧ୍ୟାର କାକାର-କୁହେଳୀ
ମରିଯିବ ଲାଉଡଙ୍କ, ଶିଖିଯିବ ନେଉଟିଆ ଶାଗର ପଟାଳି।

■

ସ୍ମୃତି

ମୁଁ ଦେଖିଛି ଜହ୍ନ ଏକ ଅତିକାୟ ପିଙ୍ଗଳ ବର୍ଣ୍ଣର,
ପାତାଳରୁ ଉଠିଆସେ ସୁଠାମ ଠାଣିରେ ଅକସ୍ମାତ୍,
ମୁଁ ଜାଣିଛି ନୀଳପରି କବରୀ ଫିଟାଇ ଦେବ
ଝରଣାରେ ନିଜ ଛାଇ ଦେଖି, ଠିକ୍ ଏତିକି ବେଳେ।

ଠିକ ସେତିକିବେଳେ ଆକାଶରେ ଫୁଟିବ ତରାଟ,
ଚକ୍ରବାକ ଝାଡ଼ିଦେବ ତା' ଡେଣାରୁ ବିଷର୍ଣ୍ଣ ଗୋଧୂଳି
ନିଶାଚର ମେଘମାନେ ଆକାଶରୁ ଅପସରି ଯିବେ।

ଏଭଳି ରାତିରେ କିନ୍ତୁ ନିଦ ଆସେନାହିଁ.
ଅତୀତର ସ୍ମୃତିସବୁ ପ୍ରେତ ପରି ଭୁସ୍ କରି ଠିଆହୋନ୍ତି
ମୋ ମନର ଅଗଣାରେ,
ଏ ସ୍ମୃତିର ବିଶ୍ୱସ୍ତତା କିଏ ଅବା ମାପିବ କେଜାଣି ?

ଦିନେ କିନ୍ତୁ ତା' ଛାତିରେ ପବିତ୍ରତା ଥିଲା,
ଗୋଲାପର ବାସ୍ନା ଥିଲା ଲାଖି,
ଦିନେ କିନ୍ତୁ ତା' ଆଖିରେ ଆଖି ରଖି ଭୁବନ ଭୁଲିଛି,
ଦିନେ କିନ୍ତୁ ମରୁଭୂମି ପାରିହୋଇ
ପାଇଛି ସେ ସବୁଜ ଠିକଣା।

ସ୍ମୃତି କଣ ଦଗାବାଜ, ତାର କଣ ଅବୟବ ନାହିଁ,
ସେ କାହିଁକି ନେଇଯାଏ ତା ପାଖକୁ ବାରମ୍ବାର ମୋତେ ?
ମୁଁ ଦେଖିଛି ବିଛଣାରେ ସେ ଶୋଇଛି ବଡ଼ ନିରିମାଖୀ,
ତା ଶାଢ଼ୀର ପଣତରେ ଲେଖା ନାହିଁ ଇତିହାସ କିଛି,

ନଅ ଲକ୍ଷ ଅହଂକାର ଫିଙ୍ଗିଦେବି ଏହି ମୁହୂର୍ତ୍ତରେ,
ନଗଣ୍ୟ ଭିକାରୀ ପରି ମାଗିନେବି ନତଜାନୁ ହୋଇ
ତା ହାତର ପାପୁଲିରୁ ଟୋପାଟୋପା ଯେତେକ ଉଷ୍ଣତା ।

ସ୍ମୃତି କଣ ଖାଲି ସ୍ମୃତି, ହାତ ନାହିଁ, ଗୋଡ଼ ନାହିଁ ତାର,
ମୁଁ ହଠାତ୍ ଚାହିଁଛି ଚମକି,
ସେମାନେ ନାହାନ୍ତି କେହି,
ଛାଇ କଣ କେବେ ଖୋଜିହୁଏ ?

ପେଚାର ଡେଣାରେ ଚଢ଼ି ସ୍ମୃତିସବୁ ପୁଣି ଉଡ଼ିଗଲେ ।

ଘର

ମୁଁ ଗୋଟାଏ ପ୍ରାସାଦ ତୋଳିବି ପାହାଡ଼ ଚୂଡ଼ାରେ। ଯେଉଁଠି ପ୍ରତିଦିନ ସୂର୍ଯ୍ୟ ସଂହାସନ ଛାଡ଼ି ଯା'ନ୍ତି ବନସ୍ତକୁ। ଆଉ ପାହାଡ଼ର ଜାନୁ ଧରି ଗୁରୁଣ୍ଡି ଗୁରୁଣ୍ଡି ଉଠି ଆସେ ଗେହ୍ଲାପୁଅ ପରି ଗୋଲଗାଲ ଜହ୍ନଟିଏ। ମୁଁ ତା ଲାଗି ପାରିଦେବି ଅଗଣାରେ ରକ୍ତିମ ଗାଲିଚା। ଆକାଶର ଚାନ୍ଦୁଆ ଭରିଯାଏ ତରାର ନକ୍‌ସାରେ। ଘରର ଝରକାରେ ମେଘମାନେ ପର୍ଦ୍ଦା ହୋଇ ଝୁଲୁଥବେ। ଶଙ୍ଖ ମଲ ମଲ ପଥରରେ ଗଢ଼ା ନୀଳ ପରୀର ଉନ୍ମୁକ୍ତ ସ୍ତନ ଉପରେ କେଉଁଠୁ ପ୍ରଜାପତି ଉଡ଼ି ଆସି ବସିବ ହଠାତ୍। କୋଇଲି ପାଇଁ ଖଞ୍ଜି ଦେବି କଦମ୍ବ ଗଛଟିଏ।

ବାଳିକା ନଈ ମୁଁ ଚିରଦିନ ଭଲପାଇଛି। ଯିଏ ବାଲି ଗରଡ଼ା ନେଇ ଖେଳିବାରେ ବ୍ୟସ୍ତ ଥାଏ। ଘରର ଶେଷ ପାହାଚରେ ପାହାଡ଼ର କାନ୍ଧ ପାଖେ ଉପବୀତ ପରି ନଈ ବା ପାଇବି କେଉଁଠୁ? ଈଶ୍ୱର ବାବୁଙ୍କୁ ଗୋଟିଏ ଝରଣା ପାଇଁ ଦରଖାସ୍ତ କରିଛି। ବହୁତ ଅନୁରୋଧ ପରେ ସେ ରାଜି ହୋଇଛନ୍ତି ଦେବାକୁ। ବଗିଚାର ଶେଷ ପ୍ରାନ୍ତରରେ ପାରିଜାତ ଗଛପାଖ ଦେଇ ଝରଣା ବହିଯିବ ତାଙ୍କ ବରାଦ ମୁତାବକ କୁଲୁକୁଲୁ ଶବ୍ଦ କରି। ଆପଣ ଆସିବେ କି ଅତିଥି ହେବାକୁ କିମ୍ବା ଛୁଟିଦିନ ଦେଖି କରିବାକୁ ପିକ୍‌ନିକ୍?

ସହରରେ ଭୀଷଣ ଘରର ଅଭାବ ଆଜିକାଲି। ପଲସ୍ତରା ଖସିଥିବା ଝରକାବିହୀନ ଗୁହାଳ ପାଇଁ ଲାଇନ ଲାଗିଛି। ଆଉ ସନ୍ଧ୍ୟା ହେଲେ ଚିରୁଗୁଣିମାନେ ଗଧିଆ ପିଠିରେ ସବାରି ହୋଇ ହାଓ୍ୱା ଖାଇ ବାହାରନ୍ତି ନିତି। ରକ୍ତ ଦେଖିଲେ ସେମାନଙ୍କ କଟାସ ଆଖି ଆହୁରି ଉଜ୍ଜ୍ୱଳ ଦିଶେ।

■

ଖବର

ଖବରର ନଅଙ୍କ ପଡ଼ିଛି ଆଜିକାଲି,
କୁକୁରଙ୍କୁ କାମୁଡ଼ିବା ମଣିଷଙ୍କ ଏକାନ୍ତ ଅଭାବ,
ଖବରର ପ୍ରଚଣ୍ଡ ମରୁଡ଼ି।
ଧର୍ଷଣ, ବଳାତ୍କାର, ଏ ସବୁକୁ ଛୁଇଁଯାଏ
ଖବରର ଲୋମଶ ପାପୁଲି -
ମୃତ୍ୟୁପରି ରିପୋର୍ଟର
ବ୍ୟକ୍ତିଗତ ଦୁଃଖ ପାଇଁ ପଇଁତରା ମାରୁଥାଏ ଖାଲି।

ପେଟ୍ରୋଲ ଦରରେ ନିଆଁ, କିମ୍ବା,
ହନଲୁଲୁ ଭୂମିକମ୍ପ ପରି
ସୁଦୂର ରୋମାଞ୍ଚକର ସମ୍ବାଦରେ କାଗଜ ପୂରିଛି।
ଗୁରୁବାରୀ ଖାଇନାହିଁ ସାତଦିନ ଧରି,
ହୋଇଛି ଭୀଷଣ ତାକୁ ଜ୍ୱର,
ତା' ଝିଅକୁ ଟାଣିନେଲା ଭୋକ,
ଓପାସରେ ମଶାଣି ଆଡ଼କୁ,
ଏ ସବୁ ଖବର ପାଇଁ ବେଳ କାହିଁ ଟେଲିପ୍ରିଣ୍ଟରର।

ଡାକଦେଲା ଆଜିର ହକର,
ସହର ଛକରେ,
ସମୁଦ୍ରର ଢେଉସବୁ କରିଛନ୍ତି ଜନ୍ମ ନିୟନ୍ତ୍ରଣ,
ଜହ୍ନ ନାହିଁ ଆକାଶରେ,
ହୋଇଛି ଫେରାରୀ,
ଆଶ୍ରୟ ସେ ନେଇଅଛି ମଙ୍ଗଳ ଗ୍ରହରେ
ତା' ଲାଗି ୱାରଣ୍ଟ୍ ହେଲା ଜାରି।

■

ଗୋଟିଏ କବିତା ପାଇଁ

ଗୋଟିଏ କବିତା ପାଖେ ନତଜାନୁ ହୋଇ ମୁହିଁ
ମାଗିନେବି ଶିରସ୍ତ୍ରାଣ, କବଚ କୁଣ୍ଡଳ,
ଅମରତ୍ୱ ଲୋଡ଼ା ନାହିଁ ମୋର,
ଗୋଟିଏ କବିତା ପାଇଁ ଜହ୍ନ ପାଖେ ଠିଆ ହୁଏ ମେଘ।

ଗୋଟିଏ କବିତା ପାଇଁ ଧନୁପରି ଭ୍ରୂଲତାରେ
କେହି ଜଣେ ଯୋଖିଥିଲା ବାଣ,
ରକ୍ତିମ ପାପୁଲିରେ ଆଞ୍ଜୁଳାଏ ଅପନ୍ତରା ଟେକି
କେହି ଦିନେ କହିଥିଲା, ଆସ ନାହିଁ କେଭେ ହେଲେ
ପାଖକୁ - ମୋ ରାଣ।

ଯୋଜନ ଯୋଜନ ପଥ ଚାଲିଅଛି
କବିତାର ଭାଗି
ନିଛାଟିଆ ନଈ ପାଖେ ଠିଆ ହୋଇ କରିଛି ଗୁହାରି
ମୋ ହାତରେ ବଂଶୀ ଧ୍ୱନି, ମନ୍ତ୍ର ପରି କିଛି ଶବ୍ଦ ଦିଅ,
ଯାହାକୁ ମୁଁ ସାଇତିବି ଅକ୍ଷୟ ତୂଣୀରେ।

ଏହିପରି ବିତିଗଲା ଦିନ, ଦଣ୍ଡ, ଅନେକ ମୁହୂର୍ତ୍ତ,
ଗୋଟିଏ କବିତା ପାଇଁ ଧରାଦିଏ ନିଃସଙ୍ଗ କପୋତ,
ଦୁଃଖ ପରି ମୁହଁ ତାର,
ଅଦୂରରେ ଶୋଇ ରହେ ଗୋଧୂଳିର ନିହତ ଆଲୋକ ।

ଗୋଟିଏ କବିତା ପାଇଁ
ଗୋଲାପରେ ଏତେ ବାସ୍ନା, ପେଲବତା କିଶୋରୀ ସ୍ତନରେ
ତା' ଲାଗି ସହସା ଯାଏ ଜାନୁ ସନ୍ଧି-ଗୋପନତା ଭରି,
କବିତା ଗୋଟିକ ଲାଗି
ଶିଶୁର ଦରୋଟି ଖେଳେ
ମାଛ ପରି ତରଳ ଅନ୍ଧାରେ ।

ଦୁଃଖ

ଦୁଃଖ ସଙ୍ଗେ ଦେଖା ହେଲା, ଇନ୍ଦ୍ରଧନୁ ଆକାଶରେ
ନ ଥିଲା ସେଦିନ,
ସ୍ୱେଚ୍ଛାଚାରୀ ପବନରେ ଉଡୁଥିଲା ବାଳ ତାର ହୋଇ ଫୁରୁ ଫୁରୁ,
ମୁହଁ ଯାକ ରୁକ୍ଷ ବଲ ବଲ।

ମୁଁ ତାକୁ ନେଇଗଲି ହାତ ଧରି ନୀଳ ପାଣି ପାଖେ
ଧୋଇବାକୁ ଶୀର୍ଣ୍ଣ ଗାଲ, ଆଖିର କୋରଡ଼,
ସେ କିନ୍ତୁ ଶୁଣିଲା ନାହିଁ ମୋ କଥାକୁ,
ହୃଦୟର କ୍ଷତ ତାର ମେଲିଲାନି ସୁଅ ମୁହେଁ ମୁହେଁ।

ତା ଆଖିର ସ୍ୱପ୍ନ ସବୁ ହଜିଗଲେ ଦୂର ମୁହାଁଣରେ,
ଆଖିରେ ନଥିଲା ଲାଗି ଶାଗୁଆ ଭରସାର ଆଭା,
ସେ କିନ୍ତୁ ଓପାଡ଼ିଥିଲା ବିଶ୍ୱାସର ମୂଳ ସୁଦ୍ଧା ଚେର,
ଫାଁ ଗାଳି ପଡ଼ିରହେ ବୋଧି-ଦ୍ରୁମ ବିଷଣ୍ଣ ସନ୍ଧ୍ୟାରେ।

ଦୁଃଖ ସଙ୍ଗେ ଦେଖା ହେଲା ସୀମାନ୍ତର ରେଳ ଷ୍ଟେସନରେ,
ସିଟି ମାରି ରେଳଗାଡ଼ି ତାକୁ ଛାଡ଼ିଗଲା,
ଦୂରଗାମୀ ବଳାକାର ଧାଡ଼ି
ତା ଧୈର୍ଯ୍ୟର ଜଳାବାଟେ ଖସିଗଲେ ଦୂର ଦିଗବଳୟେ ।
ଠୋ କରି ଫାଟିଗଲା ସୁଖର ରଙ୍ଗୀନ ବେଲୁନ୍ ।

ଦୁଃଖ ପାଇଁ ମାରୁଥିଲା ପଇଁତରା ସନ୍ଧ୍ୟା ଇତସ୍ତତଃ
ଦୁଃଖ ଆସି ଠିଆହେଲା ବିପର୍ଯ୍ୟସ୍ତ, ମଗ୍ନ ବିଷାଦରେ,
ବଗିଚା, ପୋଖରୀ, କିମ୍ବା ନୁଆଣିଆ ଚାଳର ଇଶାରା ତାର ଘଟିବନି,
ତା ଭାଗ୍ୟରେ ଲେଖାନାହିଁ, ବିମ୍ବୋଷ୍ଠ, ଚମ୍ପା-ଗୋରୀ, କିମ୍ବା ସିଂହକଟୀ,
ଧୀରେ ଧୀରେ ଉଠି ଆସେ
ମେଘର କବରୀ ଭେଦି ଜହ୍ନର କରୋଟୀ ।

■

ବ୍ୟବଧାନ

ତୁମେ ଅଛ ଗୋଟିଏ ତାରାରେ,
ମୁହଁ ତୁମ ଢାଙ୍କି ଦିଏ ମେଘ,
ମୁଁ ଅଛି ଅପର ଏକ ନକ୍ଷତ୍ରରେ,
ଯେଉଁଠି ପହଞ୍ଚିବାକୁ ଅନେକ ଆଲୋକବର୍ଷ ବିତେ !

ସମୟର ସୁଅ କଣ ବହଇ ଉଜାଣି ?
ମୁଁ କଣ ପାରିବି ଛୁଇଁ ଜାଣି ଜାଣି,
ତୁମ ଦୁଃଖ, ସୁଖ, ଦୁଃଖ, ସୁଖ,
ଦୁଃଖ-- ଦୁଃଖ -- ଦୁଃଖକୁ ?

ତୁମକୁ ପାଇଲି ଭଲ ସ୍ୱପ୍ନରେ କିଛି କ୍ଷଣ ପାଇଁ,
ତୁମେ ଆସି ଠିଆ ହୋଇ ବିସ୍ରସ୍ତ କେଶରେ,
ଦେହରୁ ଖସାଇ ଲାଜ, ଫିଙ୍ଗିଦେଇ ଦ୍ରୌପଦୀର ଶାଢ଼ୀ।
ସ୍ଫଟିକ ବେଦୀର ଖୁମ୍ବ ଜାନୁଦ୍ୱୟ ଲମ୍ବିଛି ସଳଖ,
ଦେହର ଲତାରେ ଫଳ
ବର୍ତ୍ତୁଳ ସମବେଦନାରେ,
ଯୋନିରୁ କ୍ଷରଇ ଦ୍ୟୁତି ଅନ୍ଧାରର ସ୍ତବର ଭଙ୍ଗୀରେ।

ସ୍ୱପ୍ନରେ ଧରିଲି ହାତ, ଗତି ଆସି ଓହ୍ଲାଏ ଦେହରେ,
ଅକସ୍ମାତ ଭୂମିକମ୍ପ ଘଟେ ବିଛଣାରେ।
ମୁଁ କିନ୍ତୁ କରିଛି ଖୁନ ଦେଉଳର ସବୁ ପବିତ୍ରତା,
ରକ୍ତରେ ଓଦା ଦୁଇ ହାତ ଦେଇ ଛୁଇଁଛି ଚିବୁକ,
ସ୍ୱପ୍ନ ସବୁ ଝରିଯାଏ,
ଯେମିତି ଝାଉଁଳେ ନିତି
ଜୋଛନା ଖରରେ।

■

ଠିକ୍ ଖରାବେଳେ

ବେଳେ ବେଳେ ଇଚ୍ଛା ହୁଏ ବଜାରକୁ ବାହରି ଯିବାକୁ,
ଠିକ୍ ଖରାବେଳେ,
ପିନ୍ଧି କ୍ରୁର ସୂର୍ଯ୍ୟାସ୍ତ ରଙ୍ଗର ପଞ୍ଜାବୀ,
ନିହାତି ଶାଗୁଆ-ଛକି ଲୁଙ୍ଗିଟିକୁ ଆନ୍ଦୋଳିତ କରି,
ପିଙ୍ଗି ଦେଇ ମଧ୍ୟବିତ୍ତ ସୁଖ,
ଷଣ୍ଢ ଯୋଦ୍ଧାର ଉଦ୍ଧତ ଠାଣିରେ
ଟହଲିବାକୁ ସଡ଼କରେ ନିଧଡ଼କ।

ମନ ହୁଏ ବେଳେବେଳେ କିଣିବାକୁ ତାମ୍ପଡ଼ା ଶୁଖୁଆ,
ତା' ପରେ ଗିଳିବାକୁ ବେଲାଏ ପଖାଳ, ଠିକ୍ ଖରାବେଳେ,
ଯେଉଁଠି ଗଳିଟି ନିଏ ମୋଡ଼ ଏକ ଓଟ କୁଜ ପରି,
ସେଇଠି ଲୁଙ୍ଗି ଟେକି ମୁତିବାକୁ ଭାରି ମନ ହୁଏ,
ଭୁଲିଯାଇ ପଦାତିକ ଅସହିଷ୍ଣୁ ଆଖିର ଉର୍ତ୍ସନା,
ଚିନ୍ତାଇ ଦେବାକୁ ସେହି ଅମୋଘ ନୋଟିସ୍,
'ଏଠାରେ ପରିସ୍ରା କରିବା ମନା।'

ତା'ପରେ ଦିନେ ଦିନେ ମନ ହୁଏ ହଜି ଯିବା ଲାଗି
ବୋଉର ସ୍ନେହ ପରି ଆରକ୍ତମ ମୁଠାଏ ଖରାରେ,
ଖୋଜିବାକୁ ଅଲୌକିକ ଗ୍ରାମ।
ମୋତେ ଦେଖି ଭୁସ୍ କରି ପାଣି ଭେଦି ଉଠିବ ଶେଉଳ,
ବିଲୁଆ ଓ ଗୋଧ ସାପ ମୁରୁକି ହସିବେ,
ଉଡ଼ିଯିବ ଗେଣ୍ଡାଳିଆ ଠିକ୍ ଖରାବେଳେ।

■

ମହାପୃଥିବୀ

ପୃଥିବୀଟାକୁ ବନ ନିଃସ୍ୱ ଲାଗୁଛି ଆଜିକାଲି,
ନୀଳ ବୁଦ୍‌ବୁଦ୍ ସବୁ ସରିଗଲା ସାଗର ଢେଉରୁ,
ଚାର୍ଲିଚ୍ୟାପ୍‌ଲିନ ଭଳି ଚାଲିବାକୁ ଗୋଇଠି ଭରାରେ,
ଅଭ୍ୟାସ କରିବାକୁ ହେବ।

ଅତୃଣ ପୃଥିବୀରେ ହିରୋଶିମା ଚାରିଆଡ଼େ ବିଛାଡ଼ି ପଡ଼ିଛି,
ମେଘ ବଡ଼ ଅଭିମାନୀ ଭଙ୍ଗୀରେ ଚାଲିଯାଏ।
ବିଷାକ୍ତ ମରୁଭୂମି ଆଡ଼େ।
ପ୍ଲାଷ୍ଟିକ ସହରର ସବୁ ଗଳି
ସିନ୍ଥେଟିକ ନାରୀଙ୍କର ଦୁଃସ୍ୱପ୍ନରେ ଭରିଯାଏ।

ମାୟାମୟ ଖରାରେ ଆଜି ବି
ବିଷଣ୍ଣ ଛାଇ ସବୁ ଓହ୍ଲାନ୍ତି ରକ୍ତ ଧୋଇବାକୁ,
ସୂର୍ଯ୍ୟର ସଖ୍ୟତା ଭୁଲି ରକ୍ତାକ୍ତ ଚଢ଼େଇ
ପାଚିରୀରେ ପିଟୁଥାନ୍ତି ଡେଣା।
ପଡ଼ିଆର ନିଷ୍ଠୁର ଘାସରେ
ମହାର୍ଘ ପ୍ରଜାପତି ଆଉ ଫେରି ଆସେ ନାହିଁ।

ଆଜି ମାଇଲ ମାଇଲ ବ୍ୟାପୀ କ୍ଲାନ୍ତି
ଆଉ ବେଦନା ମେଳରେ
କାହାଣୀକୁ ଅପେକ୍ଷା କରିବାକୁ କହିଆସେ।
ପବନର ବେହେଲାରେ ଭୀଷଣ ଦୁଃଖର ସ୍ୱର ବାଜୁଛି,
ସାହାରାର ବାଲିକୁଦ ଡେଇଁ ଡେଇଁ ଶିଶୁଟି ଉଠି ଉଠି ଆସୁଛି,
ତା ହାତରେ ଧରାଇ ଦିଏ ସବୁଜ କବିତାର ଅବ୍ୟର୍ଥ ଚିଟାଉ।

ଅମୀର ଖାଁ

ସେଦିନ ଅମୀର ଖାଁ ଗାଉଥିଲେ
ରାଗ ଦରବାରୀ,
ଆକାଶରେ ଉଇଁଥିଲା ସେ ବର୍ଷର
ଶେଷ ଜହ୍ନ,
ତନ୍ମୟତା ଥିଲା ପବନରେ,
ଅଜସ୍ର ସୁରଭି ଥିଲା ପାଖୁଡ଼ାରେ ରଜନୀଗନ୍ଧାର।

ହାତର ଅଙ୍ଗୁଳି ସବୁ କହୁଥିଲା
କଥା ତାନ୍‌ପୁରାରେ,
ହୃଦୟର ଗଭୀରରୁ ଉତ୍ସରିତ
ବେଦନାର ଭାଷ୍ୟ
ଝରି ଝରି ପଡୁଥିଲା ଗମକ୍-ତାନରେ ବାରମ୍ବାର।

ଜୀବନର ଶ୍ରେଷ୍ଠ କାଳ ଆସିଥିଲା
ସେହିଦିନ,
ପୋଛିଦେଇ ସବୁ ଅପୂର୍ଣ୍ଣତା-
ଧାନଖେତ ପୂରିଥିଲା ପାଚିଲା ଧାନରେ।

ସେଦିନ ଅମୀର ଖାଁ ଗାଇଥିଲେ
ଯୌବନର ଦୃପ୍ତ ଭଙ୍ଗିମାରେ,
ଧମନୀରେ ଉଷ୍ଣ ରକ୍ତ ଢାଳି ।
ରମଣୀୟ ଲାଗୁଥିଲେ ପୃଥିବୀର
ପ୍ରତ୍ୟେକ ନାରୀ ସେହିଦିନ,
ହୃଦୟର ତନ୍ତ୍ରୀ ସବୁ ଥରୁଥିଲା ସ୍ୱର-ସପ୍ତକରେ ।
ଘରେ ମୋର ଉଠିଥିଲା ଲକ୍ଷେ ଦୀପ ଜ୍ୱଳି ଅକସ୍ମାତ୍ ।
ମୋ ଆଗର ଗାଲିଚାରେ ବସିଥିଲେ
ଦେବ ଏକ ଅଲୌକିକ ସିଂହର ଠାଣିରେ ।

କେତେବେଳେ ରାତି ପାହି
ପୃଥିବୀର ଶ୍ରେଷ୍ଠ ଭୋର
ମୋର ମୁହାଁମୁହିଁ
ଜାଣେ ନାହିଁ –

ମୁଁ କିନ୍ତୁ ଚାହିଁଥିଲି ଫେରି ଫେରି
ରେଶମୀ ସୂତାରେ ଗୁଡ଼ା
ଅସରନ୍ତି ସୁର ଆସୁ ଆହୁରି ଆହୁରି,
ସେଦିନ ଅମୀର ଖାଁ ଗାଇଥିଲେ
ରାଗ ଦରବାରୀ ।

ବୟସ

ବିଷଣ୍ଣ ଗୋଲାପ ପରି ଦର୍ପଣରେ
ମୋ ମୁହଁର ଛାଇ
ଧମନୀରେ ରକ୍ତ ଚାଲେ ଛୋଟେଇ ଛୋଟେଇ-
ରେସ୍‌ର ଅନ୍ତିମ ଘୋଡ଼ା ଭଳି ।

ଗୋଧୂଳିର ପିଠି ଛୁଇଁ ବଙ୍କୁଲୀ ବାଡ଼ିରେ,
ଆରାମ-ଚୌକିକୁ ନିତି ଫେରିଆସେ
ନିର୍ଦ୍ଦିଷ୍ଟ ପ୍ରହରେ ।
ଯନ୍ତ୍ରଣାର ସପ୍ତମ ସିଡ଼ିରେ ସେତେବେଳେ ଇତିହାସ
ତାର ନୁଖୁରା ବାଳକୁ ଛାଟି ଠିଆହୁଏ
ଅଶ୍ଲୀଳ ଭଙ୍ଗୀରେ ଅଚାନକ ।

ମୃତ୍ୟୁ ସଙ୍ଗେ ପଶାଖେଳ ଖୁବ୍ ଜମିଲାଣି,
ନକଲ ଦାନ୍ତକୁ ଚାପି ପୁଣି ଥରେ ପଶାକୁ ସଜାଏ ।
ଏ କେଉଁ ଆଶ୍ଚର୍ଯ୍ୟ ଖେଳ,
ଧମନୀରେ ସବୁ ରକ୍ତ ଠୁଳ ହୋଇ ଫାଟେ ସୂର୍ଯ୍ୟାସ୍ତରେ ?

ସ୍ୱପ୍ନ ପେଡ଼ିର ଚାବି ହଜି ଯିବା ପରେ,
ପ୍ରକାଣ୍ଡ ଗରୁଡ଼ ପରି ନିଃସଙ୍ଗତା
ଝାମ୍ପି ନିଏ ନିଷ୍ଠୁର ପଞ୍ଝାରେ,
ଗୋଲାପର ପାଖୁଡ଼ାରୁ ସବୁ କାତରତା।
ପରିଚିତ ପକ୍ଷୀର କୂଜନ
ଝରିପଡ଼େ ଅଶ୍ୱତ୍ଥ ଗଛରୁ,
ଅନ୍ଧକାର କାପୁରୁଷ ପରି ଝୁଲୁଥାଏ।

କଥୋପକଥନ ସବୁ ଶେଷହୁଏ ପୃଥିବୀ ସହିତ,
ନଶ୍ୱର ପବନରେ ଲାଖିଥାଏ ଘ୍ରାଣ
ଗଙ୍ଗଶିଉଳୀର,
ଯୌବନର ନୀଳ ଟ୍ରେନ୍
ଚାଲିଯାଏ ମାନଚିତ୍ର ଭେଦି।

ଚାଳିଶା ଚଷମାକୁ ପୋଛି
ସ୍ମୃତିର କୁଞ୍ଜରେ
ଝାଡ଼ି ଦେଇ ହାତରୁ ପୁରାତନ
ଯାବତୀୟ ଘୁଣ,
ସମୟ ଅଳପ, ବାଳରେ କଳପ
ପ୍ରତୀକ୍ଷା କରୁଥାଏ ମୁଁ ତ
ସନ୍ଧ୍ୟା ପାଇଁ ନିଶ୍ଚିନ୍ତ ଟେବୁଲରେ
ଧୂମାୟିତ ଚାହା-କପ୍ ରଖି।

■

ରଙ୍ଗ

ପ୍ରେମର ରଙ୍ଗ ଲାଲ,
ଯେମିତି ବର୍ଣ୍ଣ ସବୁ ଜଳିଉଠେ ପୂର୍ବ ଦିଗନ୍ତରେ।
ସାଗର ସାନିଧ ପାଇଁ ସମୁଦ୍ର-ସାରସ
ଉଡ୍ଡୀନ ଡେଣାରେ ତାର ବୋଳିହୁଏ ଯେତେକ ଆର୍ଦ୍ରତା।
ପବନର ଚାବୁକରେ ତିଳେମାତ୍ର ଭର୍ତ୍ସନା ନାହିଁ ସେତେବେଳେ,
ଆଜିର ଏହି ଅପରୂପ ସ୍ନିଗ୍ଧ ସକାଳରେ
ତରଳ ମାଧୁର୍ଯ୍ୟ ପରି ଖରାର ଆବର୍ତ୍ତ ଚାରିଆଡ଼େ,
ଇଚ୍ଛାହୁଏ ହଜିଯିବା ଲାଗି ଆଲୋକର ଅଜସ୍ର ଧାରାରେ ଅଚିରାତ୍।

ଧୂସର ଦୁଃଖର ରଙ୍ଗ,
ଝୁରି ହୁଏ ନିଃସଙ୍ଗ ଚିଲ ରିକ୍ତ ଗୋଧୂଳିରେ,
ଥୁଣ୍ଟା ତାଳଗଛ ପରି ଠିଆ ହୁଏ ବିବର୍ଣ୍ଣ ପ୍ରଦୋଷ,
ତୀକ୍ଷ୍ଣ ଛୁରିକା କାଟେ ବିଳାପର
କଣ୍ଠରୁ ଯନ୍ତ୍ରଣା।

ଶୋକର ରଙ୍ଗ ଧଳା,
ଅବିରତ ଝରିଯାଏ ଆଖିରୁ ଶ୍ରାବଣ,
ନିଃସ୍ୱ ମେଘ ଦିଗଭ୍ରଷ୍ଟ ହୁଏ ବାରମ୍ବାର
ସଦ୍ୟ ବିଧବା ପରି ସନ୍ଧ୍ୟା ଆସେ ଲଙ୍ଗଳା ହାତରେ।

ଈର୍ଷାର ରଙ୍ଗ କଳା,
ବିଷାଦର ମଗ୍ନ ରାତି ଓହ୍ଲାଏ
କ୍ଲାନ୍ତ ଆଖିପତା ଛୁଇଁବାକୁ।
ପଳାତକ ନିଦ ଲାଗି ନେହୁରା ହେଲେ ବି
ସେ କିନ୍ତୁ ଦିଏନା ଧରା କୁମାରୀ ଆଖିରେ।

ଛାତିରେ ଭୀଷଣ କଷ୍ଟ
ତୀବ୍ର ବେଦନା ଏକ ବିନ୍ଧ କରେ
ମାଛ କଣ୍ଟା ପରି ହୃଦୟକୁ
ହଜିଯାଏ ସବୁଦିନ ଲାଗି ପବିତ୍ରତା।

ପିତାମହ

ତୁମେ କେତେ ଡେଙ୍ଗା ଥିଲ ?
ବୃଷସ୍କନ୍ଧ ଥିଲ ତୁମେ,
ବାହୁ ଥିଲା ଆଜାନୁଲମ୍ବିତ ?
ଜାଣେ ନାହିଁ ।
କିଏ ହେବ ଜାଣି କହ ଉତ୍ତର ବା ଏସବୁ ପ୍ରଶ୍ନର ।

ସେଦିନ ସନ୍ଧ୍ୟାରେ
ଠିଆ ହେଲି ତୁମ ଛବି ଆଗେ,
ଅକସ୍ମାତ୍ ତୁମ ମୁହାଁମୁହିଁ,
ଆଖି ତୁମ ଜଳୁଥିଲା ବୈଦୁର୍ଯ୍ୟ ମଣି ପରି
ନିକେଲ ଚଷମାରେ ।
ମୋତେ ତୁମେ ଦେଖୁଥିଲ ନିରିଖି ନିରିଖି
ସନ୍ଧ୍ୟାରେ ସେଦିନ ।

ତୁମେ କେଭେ ଧରି ନାହଁ ହାତେ ତୁମ ବାରହାତ ଖଣ୍ଡା,
ରକ୍ତାକ୍ତ ପାପୁଲିରେ ଛୁଇଁନାହଁ ପଳାତକା ନାରୀର ଚିକୁର
ଘୋଡ଼ାର ଟାପୁର ଶବ୍ଦେ ବାରବାଟୀ
ଆଉ ଜାଗି ନାହିଁ ।
ବର୍ଗୀ କାହିଁ ?
ବର୍ଗୀ ସବୁ ଲୁଚିଛନ୍ତି ଇତିହାସ ପାଉଁଶ ଗଦାରେ ।

ଏବେ ବି ମାଧବମାନେ ଗୁରୁଣ୍ଡନ୍ତି
ଏରୁଣ୍ଡି ଉପରେ,

ଶୁଭବୁଦ୍ଧି-ଦିବ୍ୟଜ୍ଞାନ ଠୁଙ୍ଗା ଠୁଙ୍ଗା ବିକା ହୁଏ
ସ୍କୁଲ ବାରଣ୍ଡାରେ।
ପ୍ଲାଷ୍ଟିକ୍‌ର 'ଓଁ' ସବୁ ପଡ଼ିରହେ ସାଗର ବେଳାରେ।

ତୁମର ଉଚ୍ଚତା କେତେ ?
କେତେ ଅବା ଜୋତାର ନମ୍ବର ?
ଜାଣେ ନାହିଁ।
ତୁମେ କିନ୍ତୁ ଈଶ୍ୱରଙ୍କ ବଗିଚାରେ
ଶୁଣିଅଛ ଫୁଲଙ୍କ ସଂଳାପ।
ଆଉ ପୁଣି ଦେଖି ଅଛ
ଅନ୍ଧାରକୁ ଧୀରେ ଧୀରେ
କିଭଳି ଆଲୋକ,
ଆଲିଙ୍ଗନ କରେ।

ଆଜି କିନ୍ତୁ ପବନରେ ତିଳେ ମାତ୍ର
ପବିତ୍ରତା ନାହିଁ।
ଶିଶିରର ଆତ୍ମକଥା କେହି ଆଉ ଲେଖୁନାହିଁ ଆଜି।
'ଲିସ୍‌ବନ ଭୂମିକମ୍ପ' ଘଟିଯାଏ ମଧୁବନ ତୋଟାରେ ତୁମର,
ତୁମେ ବଡ଼ ଅଭିମାନୀ,
ଚୁପ୍‌ଚାପ୍ ଶୋଇ ରହ ସତୀ ଚଉରାରେ।

ବହୁବର୍ଷ ବିତିଗଲା
ସେଦିନ ହଠାତ୍
କେହି ଗୋଟେ ବଗୁଲିଆ
ଗାଇଆଳ ଟୋକା
ହାତର ବଇଁଶୀକୁ ଥୋଇ,
କୁଢ଼େଇଲା ଅଚାନକ
ଆଞ୍ଜୁଳାଏ ଅନାବନା ଫୁଲ,
ତୁମ ସମାଧିରେ।

ଦୂରତ୍ୱ

ଦିଗନ୍ତର ଉପକୂଳ ଧରି ଚାଲୁ ଚାଲୁ
ଦେଖା ହେଲା ତୁମ ସହିତରେ।
ହେମନ୍ତ ପରି ଧୂସର ତୁମର ବାଳ ସଜାଡୁ ସଜାଡୁ
ତୁମେ ଈଷତ୍ ହସିଥିଲ ସେଦିନ କେବଳ।

'ବିଦାୟ' ଶବ୍ଦଟା ତୁମ ଓଠ ଉଚ୍ଚାରଣ କରିବା ପୂର୍ବରୁ
ମୁଁ ଚାଲିଆସିଛି ଧ୍ୱସ୍ତ ମନ୍ଦିର ଅନ୍ଧକାରରେ ଶିଳାମୟ ଚଟାଣ ଭିତରକୁ,
ପାଷାଣ ତୋରଣ ପାଖେ ସୂର୍ଯ୍ୟାସ୍ତ
ସେତେବେଳେ ଦାଉ ଦାଉ ହୋଇ ଜଳୁଛି।
ଏଇ ଭୀଷଣ ରକ୍ତାକ୍ତ ଗୋଧୂଳିରେ
ଆମର ଦୂରତ୍ୱ ଏକ ଅଳୀକ ସନ୍ଧ୍ୟା ରଚନା କରିଛି।
ପ୍ରତୀକ୍ଷା, ନୀଳ ପ୍ରଜାପତି ଭଳି
ଉଡ଼ିଯାଇ ବସୁଛି ତୁମ ଓଠ ଉପରେ।
ଆଉ, ମୋ ଗୋଡ଼ତଳେ କବିତା ପରି ବିସ୍ତୀର୍ଣ୍ଣ
ଘାସର ବିଛଣା, ଶିହରି ଉଠୁଛି ବାରମ୍ବାର।

ରାତି ଯଦି ମରିଯାଏ,
ମୁଁ ତାକୁ ନେଇଯିବି ହାତ ଟଣା ରିକ୍ସାରେ
ଦୁଃଖର ଖାନନଗରକୁ।
ଜହ୍ନ ଯଦି ମରିଯାଏ,
ତୁମେ ଆଉ ଖୋସିବନି ଚମ୍ପାକଢ଼ ଗଭାରେ ତୁମର।

ଏ ସହରର ନାମହୀନ ଅଜଣା ଛକରୁ
ଧ୍ୱଂସ ପରି ରାସ୍ତାସବୁ ଲମ୍ବିଛନ୍ତି ମଶାଣି ଆଡ଼କୁ।
ଅଶ୍ରୁ ପତନର ଶବ୍ଦ ଶୁଣିବାକୁ ଭାରି ଇଚ୍ଛା ହୁଏ,
ତୁମର ସ୍ନେହର ଘ୍ରାଣ ମୃଗନାଭି ପରି ମହକୁଛି।

ଚାଲିଯିବି

ମୃତ୍ୟୁ ଆସି ଠିଆ ହେଲେ
ଦୁଆର ଆଗରେ ଅକସ୍ମାତ୍,
ସେ ହୁଏତ ଭାବିଥିଲେ,
ମୁଁ ବିଛଣାରେ ଗଡୁଥିବି
ଗୋବର-ଗଣେଷ ପରି
ଇତସ୍ତତଃ ତକିଆ ମେଳରେ।
ଅଇନାରୁ ଝୁଲୁଥିବ
ବୁଢ଼ୀଆଣୀ ଜାଲ।

ମୁଁ ତାଙ୍କୁ ନେଇଗଲି ହାତଧରି ଡ୍ରଇଂ ରୁମ୍‌କୁ,
ପଚାରିଲି- ଶୁଣିବେ କି ବେଗମ୍ ଆଖ୍‌ତାର ?
ଧୂପର ଧୂଆଁ ପରି ସର୍ପିଳ
ଗଜଲର ସୁର,
ବେଢ଼ି ବେଢ଼ି ଉଠୁଥିଲା
ମେହଗାନୀ ଆରାମ ଚଉକି,
ସେଦିନ ନଥିଲା ସେଠି ଦୁଃଖ ପରି
ସନ୍ତ୍ରସ୍ତ ପ୍ରହରୀ।

ଛାଇସବୁ ଗୋଲ ହୋଇ ବସିଥିଲେ
କାଠ-ଚମ୍ପା ଗଛ ତଳେ
ସେତେବେଳେ, ସଭା କରିବାକୁ,
ଅଚିହ୍ନା ଚଢ଼େଇଟିଏ
ସାନ ସାନ ଥଣ୍ଟରେ ତାହାର
ଖୁମ୍ପୁଥିଲା ଫୁଲର ପରାଗ-
ପୋଖରୀ ହୁଡ଼ା ପାଖ ସଜନା ଡାଳରୁ
ଝୁପ୍ କରି ମାଛରଙ୍କା ପଡ଼ିଲା ପାଣିରେ
କବିତାର ଶେଷ ଧାଡ଼ି ପରି ।

ରହିଛି ସୌରଭ ଲାଖି ଏବେ ବି,
ମାୟାବୀ ରେଶମୀ ରୁମାଲରେ,
ଆଲମାରୀରେ ପରସ୍ତ ପରସ୍ତ
ମାଣିଆବନ୍ଧି ଯୋଡ଼ର ଫାଙ୍କରୁ,
ଗଡ଼ି ଗଡ଼ି ଆସୁଅଛି ଅତି ଧୀରେ
ବର୍ତ୍ତୁଳ ସ୍ଫଟିକ-ଶୁଭ୍ର
ଗନ୍ଧ କରପୂର,
ସବୁଅଛି ଠିକ୍‌ଠାକ୍ ନିଖୁଣ ଚଳଚ୍ଚିତ୍ର ପରି ।

ପରାସ୍ତ ରୌଦ୍ରର ତାପ
ବିଛଣାରୁ ପୋଛି ଦେଇ
ସବୁଦିନ ପାଇଁ
ତୁର୍କୀ ତଉଲିଆ ଆଉ ଚନ୍ଦନ-ସାବୁନ,
ଛାଡ଼ିଦେଇ ଠଣାରେ
ଗାଧୁଆ ଘରର,
ଚାଲିଯିବି ଡାକ ଶୁଣି ତାର,
ଯିଏ ମୋତେ ଖୋଜିଅଛି,
ଅନିବାର୍ଯ୍ୟ ଦିନରାତି ଧରି ।

■

କେତେ ଦିନ

କେତେ ଯୁଗ, ଆଉ କେତେ ବର୍ଷ,
ବଞ୍ଚିବାକୁ ହେବ,
ଆଉ କେତେଦିନ, ଦଣ୍ଡ, ପଳ, ଅନୁପଳ,
ଅଭିନୟ କରିବାକୁ ହେବ ବଞ୍ଚିବାର ?

କୁକୁର, ବିଲେଇ, କିମ୍ବା
ପିଞ୍ଜରାର ଶୁକ ପରି
ବଞ୍ଚିବାର ବଞ୍ଚନାରେ ସମସ୍ତେ ବିତାନ୍ତି,
ମାଟିତଳେ ସାଲୁବାଲୁ
ମେଞ୍ଚେ ଜିଆନାଳ ଭଳି
ଅଡୁଆ ସମୟ।

କିନ୍ତୁ,
କିମ୍ବଦନ୍ତୀ ଭିନ୍ନ କଥା କହେ-
ସମୁଦ୍ର ଆଗରେ ଆସି ଯେଉଁଦିନ ଠିଆ ହେଲି,
ଉଚ୍ଛଳ ଢେଉରୁ କୁଦି ମୋର ଶୈଶବ,
ତିନ୍ତାଇ ଦେଲା ଆସି ମଠା ପଞ୍ଜାବୀକୁ,
ହାତ ଧରି ଟାଣିନେଲା ଅଗାଧ ପାଣିକୁ।

ମନେ ପଡ଼େ ଯେଉଁଦିନ ଶାଳ ଜଙ୍ଗଲରେ
ଭେଟିଥିଲି କୃଷ୍ଣସାର ମୃଗ
ସେ କିନ୍ତୁ ବାରମ୍ବାର ଉଦ୍ୟତ ଶିଙ୍ଘରେ
ଜହ୍ନକୁ ଭୁଷିବାକୁ ଚେଷ୍ଟା କରିଥିଲା ।

ପବନ ବାହାରିଗଲା ଭୁସ୍ କରି,
ରଙ୍ଗିନ ବେଲୁନ୍
ହୋଇଯାଏ ନୁତୁପୁତୁ ନରମ ରବର,
ବିବର୍ଣ୍ଣ ମାଂସର ଗନ୍ଧ
ଭରିଦିଏ ସମଗ୍ର ଗୋଧୂଳି ।

■

ସ୍ୱପ୍ନ

ଆଜିକାଲି ଶେଯରେ ଶୋଇବାକୁ ଭାରି ଡର ମାଡ଼େ,
ଶୋଇବାକୁ ଡର ମାଡ଼େ ବିଛଣା ନରମ ହେଲେ ବି
ଆଜିକାଲି ।

ଡର ମାଡ଼େ ସ୍ୱପ୍ନ ଦେଖିବାକୁ
ଆଜିକାଲି ସ୍ୱପ୍ନମାନେ ମୂଳତଃ ବିଶ୍ୱାସଘାତକ ।
ସେମାନେ ବାଛି ବାଛି ହାଜର କରନ୍ତି
କଟକର ଗଳିସବୁ
ମୋ ସ୍ୱପ୍ନ ଭିତରେ ।

ଏ ସବୁ ଅମୋଘ ଗଳି
ଧୀରେ ଧୀରେ ସ୍ମୃତି ପରି
ମୋତେ ଆସି ବେଷ୍ଟନ କରନ୍ତି ଆବେଗରେ ।
ଯେଉଁଠି, ଘରମାନେ ଘନିଷ୍ଠ ଭଙ୍ଗୀରେ
କାନ୍ଧ ଉପରେ ଝୁଙ୍କି ପଡ଼ି ପରସ୍ପର
ମାତିଥାନ୍ତି ପ୍ରଗାଢ଼ ଗପରେ ।

ଏଠି ନିତି ରାତି ହେଲେ
ଜହ୍ନ ଆସେ ଜମାଦାର ଭଳି
ମ୍ୟୁନିସିପାଲିଟିର,
ତନଖି କରିବାକୁ,
ଅଳିଆ ଗଦାର ଜଞ୍ଜାଳ ଉପରେ ବସି
ଦମ୍ ମାରେ, ବିଡ଼ି ଟାଣେ ଅନ୍ତରଙ୍ଗ ଠାଣିରେ କିଛି ବେଳ।

ଭଙ୍ଗାଟିଣ, ଆଳୁଚୋପା, କନା-ବିଣ୍ଡା,
ଅଣ୍ଡାର ଖୋଳପା ଆଉ ଦରଛିଣ୍ଡା ବକ୍ଷ-ଆବରଣୀ,
ତାଳିପକା ଯୋତା,
ପାଖେ ପାଖେ ପଡ଼ିରହେ
ପ୍ଲାଷ୍ଟିକ କଣ୍ଢେଇର ଭଙ୍ଗା ହାତ-ଗୋଡ଼,
ଜହ୍ନ ଆସି ଦେଖିଯାଏ
ଚୀପ୍ସାତ୍ ବିରାଡ଼ିର ଶବ
ଅମୁହାଁ ଗଳିରେ।

ରକ୍ତ ପରି, ବୀଜମନ୍ତ୍ର ପରି
ମୋ ଦେହର ଶିରା ଭରି
ବହିଯାଏ କଟକ ଗଳିର ବାସ୍ନା
ଛାଇ ଛାଇ ଅନ୍ଧାର ଭିତରେ।
ପାନପିକର ପାରସ୍ୟ ଗାଲିଚା ମାଡ଼ି,
କୁକୁରଙ୍କ ବାଦି-ପାଲା ଶେଷ ହେବା ପରେ,
ସ୍ୱପ୍ନ ମୋତେ ଭିଡ଼ି ନିଏ
ଖୋଲା ନାଳ ମହକ ଆଡ଼କୁ।

■

ଦ୍ୱୀପ

କାଲି ରାତିରେ ମୋର
ସ୍ୱପ୍ନ ଦେଖିବାର କଥା ଥିଲା,
କିନ୍ତୁ ଦେଖି ନାହିଁ।
ଆଜିକାଲି ସ୍ୱପ୍ନମାନେ ଜଳଜ ଉଦ୍ଭିଦ,
ଆଙ୍ଗୁଠିର ଫାଙ୍କ ବାଟେ ଗଳି ପଳାନ୍ତି।

ମୁଁ କିନ୍ତୁ ଚାହିଁଥିଲି,
ଯିବାକୁ ସେହି ଅଲୌକିକ ଦ୍ୱୀପକୁ,
ଯେଉଁଠି ସବୁଜ ରଙ୍ଗର ଢେଉ ସବୁ
ଅନାବିଳ ଶୁଭ୍ର ବାଲି ଉପରେ ଆସି
ଡୁ-ଡୁ ଖେଳନ୍ତି।
ସ୍ୱପ୍ନର ହାତ ଧରି ପହଞ୍ଚିବାକୁ
ସେହି ଦାରୁଚିନି ଦ୍ୱୀପରେ
ମନ ଥିଲା।
ଇଚ୍ଛା ଥିଲା ପ୍ରବାଳ, ଶଙ୍ଖ, ଆଉ ଶାମୁକା ମେଳରେ
ମତ୍ସ୍ୟକନ୍ୟାର ଲବଣାକ୍ତ ଜାନୁ ଉପରେ ଶୋଇ
ସ୍ୱପ୍ନ ଦେଖିବାକୁ।

ଏଠି ରାତି ଓହ୍ଲାଇ ଆସେ
ତିମି ମାଛର ଜଠର ଭିତରୁ ।
ଦୂରର ନକ୍ଷତ୍ର ସବୁ ଜଳୁଥାନ୍ତି
ଅସରନ୍ତି ବର୍ଣ୍ଣମାଳା ପରି ।
ଆଉ ସିନ୍ଧୁ-ସାରସର ଡେଣାରୁ
ଝରି ପଡେ ନୀଳାଭ ବେଦନା ।

ବିସ୍ତୀର୍ଣ୍ଣ ତୃଣଭୂମି ଡେଇଁ
ଦିଗଭ୍ରଷ୍ଟ ନାବିକ ପରି
ପହଞ୍ଚିବି ଲବଙ୍ଗ ବଣରେ ।

ସେତେବେଳେ କେହି ଜଣେ ନାରୀ
ମୋ ଲାଗି ପ୍ରତୀକ୍ଷା କରୁଥିବ,
ଖୋଲି ଦେଇ ଶ୍ରୀବସ୍ତୀର ଅନ୍ଧକାର ପରି
ଅଜସ୍ର କୁନ୍ତଳ ।
ସେ ହୁଏତ ପଚାରିବ, ନିଦାଘରେ ସ୍ନିଗ୍ଧ ଛାଇ ପରି
ଆଖି ରଖି ମୋ ଆଖି ଉପରେ-
"ଏତେ କାଳ କୁଆଡ଼େ ବା ଥିଲ
ଭଲ ଲାଗେ ବ୍ୟକ୍ତିଗତ ନିଃସଙ୍ଗ ପ୍ରହର ?"

ସେତେବେଳେ ଆକାଶର ପଡ଼ିଆରେ
ଭାସି ଭାସି ଝୁଲୁଥିବ
ପରିତ୍ୟକ୍ତ ଫୁଟବଲ୍ ଭଳି ।

ସ୍ୱୀକାରୋକ୍ତି

ତୁମ ଓଠରୁ ଆଜି ବିଷଣ୍ଣ ଫୁଲର ଛାଇ
ପୋଛି ଦେବି ନିର୍ଲ୍ଲଜ ହାତରେ;
କାଢ଼ି ନେବି ସବୁ ପବିତ୍ରତା ଅଲରା ବାଳରୁ
ଜଙ୍ଗଲ ପଶି ଆସିଛି ଘର ଭିତରକୁ
ଧର୍ଷିତା ଜହ୍ନ ଏକ ପଡ଼ି ରହେ ବିଛଣା ଉପରେ ।

ତୁମେ ମତେ ଚଖାଇଛ
ଲୁଣିଆ ରକ୍ତରେ କେତେ ମାଦକତା ଅଛି
ଚିହ୍ନାଇଛ ମୋତେ ତୁମେ ଅନ୍ଧାରର ଶରୀରରେ
ଲୁଚି ଛପି ରହିଥିବା ଅଗଣିତ ଖାଲ ଢ଼ିପ,
ଅରମାର ଗୋପନ ସୁଡ଼ଙ୍ଗ,
ଶିଖାଇଛ ଶୁଣିବାକୁ କାନ ଡେରି
ଆଶ୍ଚର୍ଯ୍ୟ ଘଣ୍ଟା ଧ୍ୱନି
ଧମନୀରୁ କେତେବେଳେ ଉଚ୍ଚାରିତ ହୁଏ,
ନିଃଶ୍ୱାସର ଯେତେକେ ସଂକେତ,
ଆଖିର ନୀରବ ଭାଷା
ପଢ଼ିପାରେ ଅନାୟାସେ ଆଜି,
ଏ ସବୁ ତ ତୁମରି ତାଲିମ !

ମୁଁ ଜାଣିଛି ବାଘ ପରି ଚିରିବାକୁ ଛାତିର ରହସ୍ୟ,
ହୃତପିଣ୍ଡ କେତେବେଳେ ତାଡ଼ି ହୁଏ
ନିର୍ମମ ନଖରେ।
ଅସ୍ଥି-ମଜ୍ଜାର ସ୍ୱାଦ ଜିଭରୁ ମରିବା ଆଗରୁ
ଅଭୀଷ୍ଟ କ୍ଷତରୁ ଉଠେ କଳରବ
ହାହାକାର ପରି।

ନିଆଁ ଲାଗେ ବନସ୍ତରେ,
ପୋଡ଼ିଯାଏ କୋଇଲିର ସବୁ କୋଳାହଳ,
ମୁହୂର୍ତ୍ତ ଭିତରେ।
ଇତସ୍ତତଃ ପଡ଼ିରହେ କାକରର ଶବ
ଗଦା ଗଦା ପାଉଁଶ ଉପରେ।

ଗଛ ନାହିଁ ଶାଳ ବା ମହୁଲ
ବାଘ କାହିଁ? ବାଘ ନାହିଁ,
ଜହ୍ନର ଦେହକୁ ଚାଟେ
ଲୁଚି ଲୁଚି ଭୟାର୍ତ୍ତ ଶୃଗାଳ
ବାହାରେ ନକ୍ଷତ୍ରହୀନ ଅନ୍ଧକାର,
କାପୁରୁଷ ପରି ଝୁଲୁଥାଏ।

ଆମେସବୁ

ଆମେ ସବୁ ପବନକୁ ବାନ୍ଧିବାକୁ
ଚେଷ୍ଟା କରିଥିଲୁ,
ଆମେ ସବୁ ଜୁଆରରେ ଭାସିଥିଲୁ,
ଉଜାଣି ସୁଅରେ ମାରିଥିଲୁ କାତ,
ଫଟା ପାଲ ମେଲିଥିଲୁ ଉଦବେଳ ସାଗରେ।

ଆମେ ସବୁ ଭାତ ସଙ୍ଗେ ଖାଇଥିଲୁ ମୁଠା ମୁଠା ଗୋଡ଼ି
ନୋହିଲେ ଓଦା କନା ପେଟରେ ପକାଇ
ଶୋଇଥିଲୁ ଲେଉଟାଇ କଡ଼।
ଆମେ ସବୁ ଲାଠି ଆଉ କୋରଡ଼ାରେ ବଡ଼ ହୋଇଥିଲୁ
ନିଃଶ୍ୱାସ ମାରିଥିଲୁ, ବାରୁଦର ଘ୍ରାଣ ଶୁଙ୍ଘି ଶୁଙ୍ଘି
ବନ୍ଧୁକ ଅଥବା ବେଡ଼ି, ହାତକଡ଼ି, ବେତ୍ରାଘାତ,
ଘୋଡ଼ାଟାପୁ, ଗୁଳି ଭଳି ସାନ ସାନ ଚିତ୍ରକଳ୍ପ
ଭରିଥିଲା ଆମର କୈଶୋର।

ଆମେ ସବୁ ଗୋଧୂଳିରେ ଦେଖିଥିଲୁ ରକ୍ତର ବିଭା,
ଶ୍ରଦ୍ଧା କରିଥିଲୁ ଆମେ ସେହିସବୁ ବିମଳ ପ୍ରତିଭା
ଯିଏ ଦିନେ ଖେଳିଥିଲେ ହୋରିଖେଳ ଆପଣା ରକ୍ତରେ।
ବଡ଼ ହେଉ ହେଉ ଆମ ଫାଟିଗଲା ଠୋ କିନା ସୁଖର ବେଲୁନ,
ଆମେ ପରା ଭାବିଥିଲୁ ସବୁ ଭୋକ ମରିଯିବ ସାଗର ଲୁଣରୁ।
ହେ ବଞ୍ଚିତା ଭାରତବର୍ଷ, ତୁମ ପାଇଁ ଆମେ ଆମର

ପ୍ରେମିକାଙ୍କୁ ଭୁଲିଛୁ।
ତୁମେ ବିଶ୍ୱାସ କର, ପ୍ରେମ ବେକରେ ଦଉଡ଼ି ଦେଇଛି,
କିମ୍ବା କିରାସିନି ବୋଳି ହୋଇ
ଆତ୍ମହତ୍ୟା କରିଛି ବହୁଦିନୁ।
ସାରା ଦେଶ ଭରିଯାଇଛି ଅଗଣିତ କୁଷ୍ଠ ରୋଗୀରେ ଆଜି,
ଶଠତା ଆଉ ଲାଞ୍ଚ ପରି ଦୂଷିତ କ୍ଷତରୁ
ପୂଜ ଓ ଦୁର୍ଗନ୍ଧ ଅନବରତ ଝରୁଛି।

ଆମେ ସବୁ ଭୁଲି ଯାଇଛୁ ବାଟ,
ଭାରତବର୍ଷର ମାନଚିତ୍ର ଭରି ଯାଇଛି ଖାଲି
ଚୌମୁହାଁଣି ଓ ଗୋଲେଇ ଛକରେ,
ଆଜିର ଉଆଁସ ରାତିରେ
ମୁହାଁଇବୁ କୁଆଡ଼କୁ, ପାରୁନାହୁଁ ବୁଝି।

ଆମ ଚାରିଆଡ଼େ ଆମକୁ ଘେରି ଗୋଲ ହୋଇ
ପଲ ପଲ ଗଧିଆ ଓ ଶାଗୁଣା ଛକି ବସିଛନ୍ତି।
ନିଃସଙ୍ଗ ଲାଗୁଛି ବଡ଼ ଏହି ଦିଗଭ୍ରଷ୍ଟ ଅନ୍ଧାରରେ,
ଖୁବ୍ ଅସହାୟ,
ଶୈଶବ ପରି କୌଣସି ଅମଳିନ କଣ୍ଢେଇ
ଆଉ ହାତ ପାଖରେ ନାହିଁ,
ଆମେ କଣ ଶେଷକୁ ଜହ୍ନ ପାଇଁ
ପାଳି କରି ଅନଶନ କରିବୁ?

■

ବିଷ

ଶିବ ଦିନେ ପିଇଥିଲେ ହଳାହଳ,
ନାମ ତାଙ୍କ ନୀଳକଣ୍ଠ ହେଲା,
ଆମେ କିନ୍ତୁ ଜର୍ଜରିତ
ବିଭିନ୍ନ ବିଷରେ।
ଡରମାଡ଼େ ନିଃଶ୍ୱାସ ନେବାକୁ,
ପବନର ବିଷ ଅଛି,
ବିଷ ଅଛି ବୋଲି ସିନା
ଏତେ ନୀଳ ଯମୁନାର ପାଣି !

ନିଜକୁ ବଞ୍ଚାଇବାକୁ ତୁମ ଗରଳରୁ
ବହୁଦୂର ଆସିଅଛି ଚାଲି,
ସ୍ପର୍ଶରେ ବିଷ ଅଛି,
ଏ ପରିକି ଦୃଷ୍ଟି ସୁଦ୍ଧା ନିଷ୍କଳୁଷ ନୁହେଁ।
ବିଷ ଝରେ ବୋଲି ପରା ଭ୍ରୂଲତା ବି ଏଡ଼ିକି ତିର୍ଯ୍ୟକ।

ବନ ପୋଡ଼େ,
ସବୁକିଛି ପୋଡ଼ିଯାଏ,
ଦଗଧ ବନସ୍ପତି।
ପୋଡ଼ି ଯାଏ ଶୁକ-ସାରୀ,
ଉଡ଼ି ଆଉ ଆସେ ନାହିଁ ନୀଳ ପ୍ରଜାପତି।
ମନ ବି ପୋଡ଼ି ଯାଏ,

ସ୍ମୃତି ପୋତି ହୋଇ ପଡ଼େ ପାଉଁଶ ଗଦାରେ,
ପଡ଼ିରହେ ଇତସ୍ତତଃ ଭଙ୍ଗା କାଚ ଚୁଡ଼ି ।
ମୁଣ୍ଡ କଣ୍ଟା, ସେଫଟିପିନ୍,
ଏ ସବୁ ବି ବେଳେ ବେଳେ
ହଜୁ ହଜୁ ଅଟକି ଯାଏ
ଛାତିପାଖ ବୋତାମ ଘରରେ ।

ଲୁଣ ଖାଲି ଖାଏ ନାହିଁ ହାଣ୍ଡି,
ଦିନେ ଚରାଚରେ ମାଡ଼ି ଯାଏ ଲୁଣି,
ମରିଯାଏ ଅସଂଖ୍ୟ କୋରକ,
ଦାଢୁଆ କୁରାଢ଼ି ପରି ଉଜ୍ଜ୍ୱଳ
ଚେନାଏ ଖରା ନିହାତି ଦରକାର
କିନ୍ତୁ କାହିଁ ?
ହିଂସ୍ର ଏକ ରାତି ଆସି
ଠିଆ ହୁଏ ତାହାରି ଜାଗାରେ ।

ଜହ୍ନ-ବୋଳା ସେହି ରାତିରେ ହଠାତ୍
ଶିକାରୀ ବାହାରି ପଡ଼େ
ମାରିବାକୁ ହରିଣ ଶିଶୁକୁ ।

■

ଫୁଲ

ଫୁଲ ସବୁ ମରିଯିବେ ଦିନେ
ଫୁଲ ଛୁଇଁ ଚଢ଼େଇଟି ଫେରି ଆଉ ଆସିବନି
ପରାଗ ପାଖକୁ ।
ସବୁ ଫୁଲ ଝାଉଁଳିବେ,
ମଉଳିବ ଧୀରେ ଧୀରେ ବର୍ଣ୍ଣମୟ ଗୋଲାପ ପାଖୁଡ଼ା,
ଛାଇ ସବୁ ଲେଉଟିବେ ଗୋଧୂଳିରେ
ଆପଣା ଘରକୁ ।

ସବୁ ନଈ ହଜି ଯିବେ ଦିନେ
ସାଗରର ନୀଳିମାରେ ବୁଡ଼ିଯିବେ
ଚିରକାଳ ପାଇଁ ।

ସେହି ସବୁ ମୃତ ଫୁଲ
ସେହିସବୁ ପଳାତକା ନଦୀ
ଆତ୍ମଘାତୀ ଯେତେକ ଝରଣା,
ବେଳ ହେଲେ ବାହୁଡ଼ିବେ
ନିଜ ଚେର ଖୋଜି ଖୋଜି,
ଜୁଆରରେ ଭାସି ଭାସି
ପହଞ୍ଚିବେ ନିଶ୍ଚେ ଆସି
ଅଭ୍ରାନ୍ତ ଉତ୍ସରେ ।

■

ମିଥୁନ ଲଗ୍ନ

ଚାଲ ଯିବା ବାଟ ଭୁଲିବାକୁ,
ଚାଲ ଯିବା ବାଟ ହୁଡ଼ିବାକୁ,
ଚାଲ ଯିବା ହଜିବାକୁ ଅମୁହାଁ ଗଳିରେ ।

ଆମ ଦୁହିଁଙ୍କୁ ସମୁଦ୍ରର ଢେଉମାନେ ଉଣ୍ଡୁଛନ୍ତି
ଝାଉଁ ଜଙ୍ଗଲର ଫାଙ୍କବାଟେ
ଜହ୍ନ ବି ।
ଅଜଣା ଚଢ଼େଇର ଉଦାସ ଚିତ୍କାର
ରାତିର ଦେହକୁ କାଟି ଖଣ୍ଡ ଖଣ୍ଡ କରୁଛି ।
ଦୂରରେ ନକ୍ଷତ୍ରମାଳା ଚାହିଁଛନ୍ତି ଭର୍ତ୍ସନାର ଭଙ୍ଗୀରେ ।

ମନ୍ଦିରର ମିଥୁନ ମୂର୍ତ୍ତିଙ୍କୁ ପଚାରିବା
ତାଙ୍କର ପରିଚୟ ।
ସେମାନେ କଣ ସୁଖୀ ଥିଲେ
ରତି ନିପୁଣ ଥିଲେ ଭୟାନକ ?
ପବନରେ ସେମାନଙ୍କ ଯୋନିର ଘ୍ରାଣ ଭାସି ଆସୁଛି ।

ଦିଗନ୍ତକୁ ଆଉଜି ନଇଁ କରି ହୋଇ ଠିଆ ହୋଇଛି
ପ୍ରୌଢ଼ ଅନ୍ଧକାର,
ଗରମ ପାରଦ ସ୍ରୋତ ଗ୍ରାସ କରୁଛି ଚରାଚର,
ଆମ ଦୁହିଁଙ୍କୁ ବି।
ଚନ୍ଦ୍ର କରୋଟି ତଳେ ଜାଗି ରହିଛନ୍ତି
ଅସଂଖ୍ୟ ଶଙ୍ଖଚୂଡ଼,
ସେମାନେ ସମୁଦ୍ରର ଅତିକାୟ ଜରାୟୁ
ବିଦୀର୍ଣ୍ଣ କରି
ଉଡ଼ିଯିବେ ମୁକ୍ତ ଆକାଶ ଆଡ଼କୁ।

ମୋର ସମଗ୍ର ଶୁକ୍ର ଶୁଖି ଯାଉଛି,
ମୁଁ ତୁମକୁ ଚିତ୍କାର କରି କହିବାକୁ ଚାହେଁ
ମୃଗଶିରା ନକ୍ଷତ୍ରରେ ଝଡ଼ ଉଠୁଛି ଦେଖ,
ମୋର ଆତଙ୍କ ସବୁ ଉଡ଼ି ଯାଉଛି
ଛିନ୍ନ ପତ୍ର ଭଳି ଦୂର ମୁହାଁଣକୁ।
ମୋ ଦେହକୁ ସଞ୍ଜୀବୀତ କର ଧୋଇ ଧୋଇ
ତୁମ ହୃଦୟର ଉଷ୍ମ ଶୋଣିତରେ।

■

ଛାଡ଼ିଯିବି

ମୁଁ ତୁମକୁ ଛାଡ଼ିଯିବି ଦିନେ,
ଯେମିତି ସାଗର ଢେଉ
ଚାଲିଯାଏ ଛାଡ଼ିଦେଇ
ବେପଥୁ ସାଗର ବେଳାକୁ।

ଛାତିର ସେ ଲାଲିଜାଇ,
ଭୁଲତା ଓ ଆଖିର ପଲ୍ଲବ,
ଓଦା ଓଠ ଭୁଲିଯିବ ତୁମ।
ଯେପରି ହେମନ୍ତ ଭୁଲେ
ସାପକାତି, ଜହ୍ନରାତି, ଅଣ୍ଡାର ଖୋଳପା,
ଆଉ ଗର୍ଭିଣୀ ଧାନ କିଆରୀକୁ।

ଶୁଖିଲା ପତର ସବୁ ଝରିପଡ଼େ,
ମଲା ସ୍ମୃତି କ୍ରମେ ଆସି କୁଢ଼ ହୁଏ
ଗଛର ମୂଳରେ।
ଜଳର ନାଭିରେ ଖେଳେ ଜହ୍ନ ଏକ
ରାଜହଂସ ପରି।

ମୁଁ କିନ୍ତୁ ଶୋଇରହେ
ପାଣିର ଦେହକୁ ଛୁଇଁ ଚୁପଚାପ
ଅଳସ ଭଙ୍ଗୀରେ ।
ଗୋପନ ଇଚ୍ଛାସବୁ ସାନ ସାନ
ମାଛ ପରି ଡେଉଁଥାନ୍ତି ଅଗାଧ ପାଣିରେ ।

ଏମିତି ଅନେକ ରାତି କଟିଅଛି ମୋର,
ଜଙ୍ଗଲରେ ସୁଖ ଅଛି,
ସୁଖ ଅଛି କଦମ୍ବ ଡାଳରେ ।
ବହୁକାଳ ଏ ବଣକୁ ଆସିନହିଁ ବାଘ,
ତଥାପି ରହିଅଛି ଭୟ, ଅନ୍ଧକାର ଅଛି,
ତୀବ୍ର ଆକର୍ଷଣ ଅଛି ଶାଖା-ପ୍ରଶାଖାର ।

ଏ ସବୁକୁ ମାନିନେଲେ
ଝିଙ୍କାରୀର ପ୍ରଗାଢ଼ ରକ୍ତରେ
ମଜ୍ଜିବାକୁ ଭାରି ମନ ହୁଏ,
ହରିଣୀର ଡାକ ଶୁଣି
ହଠାତ୍ ଚମକି ଦେଖେ
ପାଣି ଛାଡ଼ି ଜହ୍ନ ଯାଇ
ଚଢ଼ିଅଛି ଭୂତ ପରି ଅଶ୍ୱତ୍ଥ ଡାଳରେ ।

■

ମା

ମା ତୋର ମଳିନ ମୁହଁ
ଦେଖିନାହିଁ କେତେ ଯୁଗ ହେଲା !
କେତେ ଦିନୁଁ ପାଇନାହିଁ
ନିର୍ଜନ ମହକ ତା' ଦେହର,
ଓଦା ଗୋଲାପର ପାଖୁଡ଼ା ପରି ଦ୍ରବ।
ତୁ କଣ ମୋ ଲୁହ ଆଉ
ପୋଛି ନେବୁ ତୋ ସ୍ନିଗ୍ଧ କାନିରେ ?

ପୃଥିବୀରେ ଭୟଙ୍କର ପବନର
ଅଭାବ ଆଜିକାଲି,
ଅଥଚ ସନ୍ଧ୍ୟା ହେଲେ
ସମସ୍ତେ ବାହାରନ୍ତି ହାହାକାର ଖୋଜି
ମଉଳା ଜହ୍ନ ଆଲୁଅରେ।
ରକ୍ତ କିନ୍ତୁ ଝରୁଥାଏ
ଅବିରତ ସ୍ମୃତିର କ୍ଷତରୁ।
ଫୁଲରୁ ଶୁଖିଯାଏ ମହୁର ଅନ୍ତିମ ଟୋପା,
ପୁରୁଷ ଆଉ ଟିକେ ସନ୍ଦେହ କରେ
ଆପଣା ନାରୀକୁ କେବଳ।

ମୁଁ ଆଜି କରିଛି ଖୁନ୍
ମୋହମୟ ନୀଳ ମହୁମାଛି,
ଶୈଶବକୁ ଫିଙ୍ଗି ଦେଇଛି
ଭଙ୍ଗା କଣ୍ଢେଇ ପରି
ଦୂର ଖତ ଗଦାକୁ ସଶବ୍ଦରେ ।

ଆଜି କିନ୍ତୁ ଇଛା ହୁଏ
ପୁଣି ମୋର ମୁହଁ ଥୋଇ
ତା' ରିକ୍ତ ସ୍ତନରେ
ମା ବୋଲି ଡାକିବାକୁ ଥରେ ।
କପି କପ୍‌ରେ ଦେଖା ଦେଇଛି ଦାଗ,
ଓଠ ଆଉ କପ୍ ଭିତରେ ବ୍ୟବଧାନ
କ୍ରମଶଃ ଦୀର୍ଘତର ହେଉଛି ।
ପ୍ଲେଟରେ ବିଛାଡ଼ି ହୋଇ ପଡ଼ିଛି
କାପୁରୁଷ ପରି ଚିନିର ଗୁଣ୍ଡ ଇତସ୍ତତ ।

ମେଘ ଆଜି ପିନ୍ଧିଛି ପରଚୂଳା
ଝୋଟ ଭଳି ଧଳା
ଅଜସ୍ର ତୋରି ଅଲରା ବାଳକୁ ।
ତୋରି ବଙ୍କୁଲି ବାଡ଼ି ଆକାଶରେ
ସପ୍ତର୍ଷି ହୋଇ ଜଳୁଛି ।

ତୁ କିନ୍ତୁ ଛାଡ଼ି ଯାଇଛୁ
ଶୋଇବା ଘର ଠଣାରେ
ତୋର ସୁନେଲି ଫ୍ରେମର ଚଷମା,
ଆଉ ସିଡ଼ି ପାଖେ ଗାଧୁଆ - ଚଟିକୁ,
ଯେଉଁଥିରେ ଧୂଳି ଜମୁଛି
ପରସ୍ତ ପରସ୍ତ ଆଜି ବି ।

ନଈ ଆର ପାରି

କାନ୍ଥରେ ଝୁଲୁଥିବା ଛବି ପରି ନଈ ଆର ପାରି
ରହସ୍ୟର କୁହୁଡ଼ିରେ ମ୍ଲାନ,
କେହି ଜଣେ ଆଙ୍କିଅଛି ନୀଳିମାରେ
ବୁଡ଼ାଇ ବୁଡ଼ାଇ ପାହାଡ଼ର ଧାଡ଼ି
ଦୂରର ଅଶ୍ୱତ୍‌ଥ ଡାଳେ ଶୁଖୁଅଛି ଦ୍ରୋପଦୀର ଶାଢ଼ୀ।

ତରୁଣୀ କଦମ୍ବ ପାଖେ ଭେଟିବାକୁ ପ୍ରତିଶ୍ରୁତି ଥିଲା
କଥା ଥିଲା ନଈଠାରୁ ଶିଖିବାକୁ କୋମଳ ଗାନ୍ଧାର,
ତୋଳିନେବି କୁହୁ ଧ୍ୱନି ପ୍ରଚ୍ଛନ୍ନ କୋଇଲି କଣ୍ଠରୁ,
ଜହ୍ନ ପାଇଁ ବିଛାଇବି ହୃଦୟରେ ଜରିର ଚଦର।

ଏ ପାରିରେ ଇନ୍ଦ୍ରଧନୁ ମରିଯାଏ ଏନ୍ତୁଡ଼ିଶାଳରେ,
ମଣିଷର କ୍ଷୁଧା, କ୍ଷୋଭ, ଆଉ ଯେତେ ପୁରାତନ ପାପ,
ତଣ୍ଟି ଚିପି ରୁନ୍ଧିଦିଏ ଘନିଷ୍ଠ ଛାଇକୁ ବାରମ୍ବାର,
ଏ ପାରିରେ ଝୁରୁଥାଏ ଏକାକୀ ଚକୋର।

ସେ ପାରିରେ ଯେତେ ସ୍ୱପ୍ନ,
ପ୍ରତ୍ୟାଶାର ହାତ ଧରି ଚାଲିଯିବି ଦିନେ ଆରପାରି,
ଦିଗ୍‌ବଳୟରୁ ବୋଳି ହେବି ମୁଠାମୁଠା ମାୟାବୀ ଅବିର,
ଠିକ୍ ଯାଇ ପହଞ୍ଚିବି ଚନ୍ଦନ ବନରେ,
ଯେଉଁଠାରେ ବସିଥିଲେ ଏକଦା ଈଶ୍ୱର।

www.ingramcontent.com/pod-product-compliance
Lightning Source LLC
Chambersburg PA
CBHW060503080526
44584CB00015B/1532
* 9 7 8 1 6 4 5 6 0 0 3 7 4 *